Reader Takes All.

夢想
Dream

湯顯祖說的

文—郝明義

夢想，是個遠在天邊，也近在眼前的東西。

說遠在天邊，是因為太多時候我們是把夢想拿來說的。永遠說說，永遠不會實現。

說近在眼前，是因為夢想也可能是想了就做，做了就可成的。

◎

怎樣才能取夢想實際可成的那一面？

說來很難，很飄渺。

不過，也可能很隨手，很實際。

如果先有一個心態上的認識，再有四個過程上的準備。

◎

心態上的認識很簡單。

就是先決定把「夢想」當「幻想」的同義詞來看，還是把「夢想」當「理想」的同義詞來看。如果是當「幻想」來看，那當然接下來什麼事也不必談。只管有事沒事的時候，拿出來想像一陣子，然後再放回去就好了。

但如果是拿來當「理想」看，那麼「理想」需要實踐，實踐需要過程，所以，面對過程需要準備。

◎

怎麼準備？

《牡丹亭》的作者，湯顯祖說的「四夢」，倒是很不錯的參考。

明朝雜劇大家的「入夢」、「驚夢」、「異夢」、「圓夢」，可以引伸為實踐夢想的四個過程。

◎

「入夢」。

是的，任何夢想，當事者如果不能如痴如醉地執著其中，活靈活現地在出發之前就看到抵達目的地的盛況，那麼，這個夢想是不會認真發動的。

入夢，如同入戲。是第一步。

◎

「驚夢」。

任何夢想，開始了實踐的路程，就一下子從雲端掉下了泥淖。目的地看得再清楚，達成目標的芬芳氣味飄散得再近身，腳下要跨出的步子卻一步也少不了，要擺脫的糾纏卻一點也少不了。

所以我們會被夢想路途之難走而嚇到，而驚到。甚至，有時候乾脆就希望這一切都是夢的話有多好。能趕快從夢中驚醒有多好。

我們不是被夢想驚到，就是希望從夢想中驚醒。這都是「驚夢」。

「驚夢」的時候，不要半途而廢。

要提醒自己。

◎

「異夢」。

熬過驚心動魄的波折，眼看著漸入佳境，又要接受新的試煉。

一路鳥語花香，會不知不覺地麻痺掉我們原先在緊張中所透著敏銳的神經。

一路萬紫千紅，會曲曲折折地遮掩住我們原先在張望中看得十分清楚的目的地。

於是，我們逐漸忘記自己是從哪裡出發的。

我們也逐漸忘記自己原來是要往哪裡去的。

我們拿出藉口，我們找出理由，讓自己相信如此偃旗息鼓才是對的，如此落戶生根才是對的。

夢想，是會變異的。

沒有心理準備闖過「異夢」這一關，夢想總要七折八扣，七零八落。

◎

不怕「驚夢」，看得破「異夢」，而自己又能十年如一日地，不變初衷地持續「入夢」，你說時間也好，上天也罷，才會在突然間，才會在無意中，讓你柳暗花明。

於是你才知道什麼是「圓夢」。

◎

「圓夢」也沒什麼。

不過是辛棄疾說的：「驀然回首，那人卻在燈火闌珊處。」 ■

Net and Books 網路與書 19
夢想

經營顧問：Peter Weidhaas　陳原　沈昌文
　　　　　陳萬雄　朱邦復　高信疆
發行人：郝明義
策劃指導：楊渡
本輯責任編輯：蔡佳珊
編輯：藍嘉俊·冼懿穎·葉原宏·傅凌
叢書主編：劉慧麗
網站編輯：莊琬華
北京地區策畫：于奇·徐淑卿
美術指導：張士勇
美術編輯：倪孟慧·張碧倫
攝影指導：何經泰
企畫副理：鍾亨利
行政兼讀者服務：塗思真
法律顧問：全理法律事務所董安丹律師

出版者：英屬蓋曼群島商網路與書股份有限公司台灣分公司
台北市105南京東路四段25號10樓之1
TEL：(02)2546-7799
FAX：(02)2545-2951
Email：help@netandbooks.com
網址：http://www.netandbooks.com
郵撥帳號：19542850
戶名：英屬蓋曼群島商網路與書股份有限公司台灣分公司

總經銷：大和書報圖書股份有限公司
地址：台北縣新莊市五工五路2號
TEL：886-2-8990-2588
FAX：886-2-2290-1658
製版：瑞豐實業股份有限公司
印刷：詠豐印刷股份有限公司
初版一刷：2005年11月
定價：台灣地區280元

Net and Books No.19
Dream
Copyright © 2005 by Net and Books
Advisors: Peter Weidhass　Chen Yuan
　　　　　Shen Chang Wen　Chan Man Hung
　　　　　Chu Bang Fu　Gao Xin Jiang
Publisher: Rex How
Editorial Director: Yang Tu
Executive Editor: Julia Tsai
Editors:Chia-Chun Lan · Winifred Sin · Yeh Yuan-Hung · Fu Ling
Book Series Editor: Liu Huili
Website Editor: Lucienna Chuang
Managing Editor in Beijing: Yu Qi · Hsu Shu-Ching
Art Director: Zhang Shi Yung
Photography Director: He Jing Tai
Marketing Assistant Manager: Henry Chung
Administration: Jane Tu
Net and Books Co. Ltd. Taiwan Branch（Cayman Islands）
10F-1, 25, Section 4, Nanking East Road, Taipei, Taiwan
TEL: +886-2-2546-7799
FAX: +886-2-2545-2951
Email: help@netandbooks.com
http://www.netandbooks.com

本書之出版，感謝永豐餘參與贊助。

CONTENTS

目錄

封面圖像——Akibo

（圖片來源：遠流出版）

夢想經典名言

資料整理—編輯部

我們所有的夢想都能成為現實，只要我們有勇氣去追求。——迪斯尼（W. Disney）

實現明天理想的唯一障礙是今天的疑慮。——羅斯福（Franklin Roosevelt）

具有新點子的人在實現之前總是被當成怪人。——馬克吐溫（Mark Twain）

二十年後你將會更後悔自己沒有做的多於曾經做過的。揚帆前行吧，離開避風港，順著季候風前進，去探險、去夢想、去發現。——馬克吐溫（Mark Twain）

直到後悔取代了夢想，一個人才算老。——巴里穆爾（J. Barrymore）

一個人若是自信地朝夢想前進，努力地過他想像的生活，通常就會意想不到地遇到成功。——梭羅（Henry David Thoreau）

如果小小的夢想是危險的，糾正的方法不是少做點夢，而是做更多更久的夢。——普魯斯特（Marcel Proust）

我夢，故我在。——史特林堡（J. August Strindberg）

人夢想時便成為了一個天才。——黑澤明（Akira Kurosawa）

夢想是一具顯微鏡，透過它可以看見我們靈魂深處。——佛洛姆（Erich Fromm）

我夢著我的畫，然後把夢畫下來。——梵谷（Vincent Van Gogh）

未來屬於那些相信夢之美好的人。——羅斯福夫人（Eleanor Roosevelt）

我有一個夢，有這麼一天，我的四個小孩能生活在這麼一個國家，人們不是以你的膚色，而是以你的品行來評斷你！——馬丁·路德·金恩（Martin Luther King）

我深願能用衣裳鋪在你的腳下，但是我太窮，除了夢之外一無所有。我將我的夢鋪在你的腳下，腳步請放輕，因為你踩著的是我的夢。——葉慈（William Butler Yeats）

如果你希望成功，當以恆心為良友，以經驗為參謀，以謹慎為兄弟，以希望為哨兵。——愛迪生（Thomas Edison）

別人觀察既存的事物時，然後問「為什麼？」我則夢想從未發生過的事，而問「為什麼不呢？」——蕭伯納（George Bernard Shaw）

作夢時，有如獲得永生般要夢個不停；活著時，每天都要活得像是過著生命的最後一天。——詹姆士·迪恩（James Dean）

夫英雄者，胸懷大志，腹有良謀；有包藏宇宙之機，吞吐天地之志者也。——曹操

做人沒有夢想，那跟鹹魚有什麼兩樣？——周星馳

築夢人 ❶
自力更生的都市新農人

【阿國 29歲】

一趟大陸地區的義工行，讓都市青年阿國的人生轉了彎。

原來生活可以這麼單純，只要能自力更生，

便不用太多的依賴和慾望。於是，他決定自己種菜養活自己。

阿國本來就是很有想法的人，但東晃西晃後，

好像什麼事也沒幹成。

要成為農夫卻讓他異常積極，看書、找相關團體、問老師，

最後是下田。當看到自己種的小黃瓜長成時，

不止是興奮，還有一種踏實的感覺，

你怎麼對待植物，植物就怎麼回應你。

下田時他會聽音樂，偶爾唱歌給自己和菜兒們聽。

這天，打著赤膊的阿國正趕著搶收，因為颱風要來了。

他現在是一名地主的「長工」，管理深坑山上的一園菜。

將來，他要回到故鄉桃園，用自己的一塊地，

種出健康的有機食物給家人吃。

（文—藍嘉俊・攝影—黃大川）

夢想與實現

文—墨壘

飛行之夢

嫦娥偷了后羿的不死藥之後，她以奔月的方式結束了這段神話，而仙人飛昇、得道升天，也都喻示著長生不死與飛翔的能力之間有著千絲萬縷的關係與想像。戰國時代，墨子製造了「木鳶」，它能在天空中飛行一天；到了東漢的張衡，更製造出能自動飛回的「獨飛木雕」。

在西方，希臘神話中代達羅斯、伊卡洛斯父子以蠟與羽毛做成了兩對翅膀，逃出了因禁他們的監獄，飛翔成了獲得自由的象徵，就好像中國人以得道飛昇象徵著身心的解脫一般。到了十五世紀，達文西設計出自稱爲「羅旋槳」的飛行機械。到了1903年，萊特兄弟製造出「飛行者一號」，並成功地進行了試飛。凡人飛行的夢想至此成眞了。

機器人之夢

周穆王時，由工匠偃師製造的機器人不僅會跳舞甚至還能唱歌，從此以後，東晉區純、北齊蘭陵王、隋朝隋煬帝的工匠、唐朝殷文亮、楊務廉也都設計出各具特色與用途的機器人。

在西方，1921年，卡皮克首次提出了「Robot」這個字。2003年，SONY發表QRIO機器人，這些機器人則已經不只能歌善舞，做出細膩而高難度的動作，甚至還幽默健談了。到此，讓機器人進行全面性的服務，與機器人作伴、閒聊，也將不再是夢想了。

透視之夢

在春秋末年，扁鵲在喝了長桑君所給的祕方後，具有了透視的能力。前206年，劉邦在咸陽宮中找到的「方鏡」不僅可以照見人的腸胃五臟，照出病人的病灶所在；甚至被照者心懷歹念時，鏡中也會顯現出「膽張心動」的影像。東漢末年的荀悅提到了「內視」的功法，「內視」可以使人觀看自身的臟腑器官。

在西方，1895年，倫琴發現具有透視人體效用的X射線。1955年，列斯基爾則首次使用「超音波」來觀察心臟，隔年，超音波已可使人們看見胎兒的頭部。二十一世紀，隨著科技的發展，腦波測讀器也應運而生。至此，人類透視自我身心或透視他人身心的夢想，已經爲時不遠了。

祕密通訊之夢

在殷朝末年，姜太公便已發明「陰符、陰書」來進行軍事通訊。從此以後，唐朝裴炎發明「字謎」法、宋朝《武經總要》記載了「字驗」之法、胡玉秀用只有女性才能看懂的「女書」寫出《玉秀探親書》、十三世紀時軍中更流行用「礬書」進行祕密通訊，直到清朝的揭宣也提出了許多祕密通訊的方法。

在西方，希臘人用「木棍與羊皮紙」書寫進行加密，一世紀有凱薩的凱薩密碼法，十六世紀有維瓊內爾密碼法。二次世界大戰，納粹發明「奇謎機」。1977年，RSA加密系統出現。2005年，NEC推出量子加密系統，量子加密系統有別於古典加密系統，被科學家認爲是「無法破解」的加密法。至此，人類達成完全祕密通訊的夢想已指日可待了。

穿越時空之夢

明朝張潮希望能看到戰國時代惠施與虞卿的書籍，如此才能「不恨」。在西方，威爾斯在1895年寫下《時光機器》，正式提出藉由機器回到過去的構想。1905年，愛因斯坦發表特殊相對論，科學家開始認爲穿越時空並非絕不可能。然而時値今日的我們，距離能自由穿越時空的境界，還有一段遙遠的距離。這是一個尚未實現，而有待實現的夢想。■

築 夢 人 2
追求公平正義的社運工作者

【程彩倫 28歲】

不要以為穿高跟鞋、一身細肩帶的程彩倫,只是愛逛街而已,
她還是個社運工作者,畢業至今從未離開過。
和現有體制衝撞、對抗這條路,不是一般人願意走的,
她卻能從中找到興趣,和夥伴一起奮戰是最好的學習。
這群人大約有著一種集體經驗:
第一次讀共產黨宣言時,都曾感動落淚。
那是對一個沒有壓迫的社會的無止境的追求。
其實,社運界裡也有外人不易理解的複雜,
這使她保持一種高度的自覺。
因此,在一次抗議美國出兵的反戰遊行中,
程彩倫看到來聲援的人,各階層都有,純粹的自發性,
讓她印象深刻。有了這種素樸的、沒被損耗掉的正義感,
世界處於再怎麼結構性的困境,也總有它改變的機會。

(文—藍嘉俊・攝影—蔡志揚)

15個夢想關鍵詞

文—冼懿穎

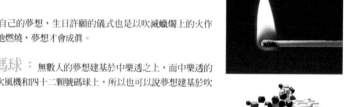

阿拉丁的神燈：有求必應、體格魁梧的神燈巨人，他的夢想又會是什麼？會不會是換一個坪數比較大的燈呢？

哆啦A夢：有人的夢想是會飛，有的人想要穿越時空，還有人希望可以隱形、不勞而獲、擁有唯命是從的僕人、一本關於未來的大百科全書、一個使人生重來一次的裝置……其實只要擁有一個「夢」，就可以實現以上全部的夢想，那就是「哆啦A夢」。

床邊故事：床可以說是夢和夢想的發芽之地，因為床邊故事是小孩子一天結束前跟父母一起娛樂的最後時光，這些故事不只對小孩發甜夢還是惡夢有著決定性的影響，很多人的夢想就是從聽床邊故事開始的。

我的志願：「我的志願」是小學國文課堂上的熱門作文題目，為什麼我們的夢想總是要讓老師過目和評分呢？好吧，就算老師非要知道我們的夢想不可，可不可以想出更有創意的命題呢？比如「有了51個Barbie娃娃後想要第1個Ken公仔的志願」、「被老媽子扣零用錢後的志願」……。

火：賣火柴的女孩靠著燃燒一枝又一枝的火柴來留住自己的夢想，生日許願的儀式也是以吹滅蠟燭上的火作結，求神明也需要香火鼎盛……這就代表我們必須要熱情地燃燒，夢想才會成真。

吹風機與號碼球：無數人的夢想建基於中樂透之上，而中樂透的命中率則建基於一架吹風機和四十二顆號碼球上，所以也可以說夢想建基於吹風機和號碼球上。

North Pole H0H 0H0 Canada：這個是一位專替別人圓夢的人的住址——聖誕老人。呵呵呵。

烏托邦：還有天堂、理想國、桃花源、伊甸園、蓬萊仙島……這些都是很多人夢想要移民的地方，只可惜大部分國家都沒法跟他們建立邦交。

科學的兩難：科學一方面可助人達成夢想，比如不育的夫婦可有自己的孩子，覺得自己不夠漂亮的人可以整容；但另一方面科學亦摧毀很多人的夢想，像是證實火星上並無火星人，月球上也沒有嫦娥和她的兔子。

Just Do It：夢想＋熱情＋行動力＝Sweet Dream
夢想＋空談－行動力＝Day Dream

厚臉皮：若要實現夢想，尤其是聽起來像天方夜譚般不可能發生的那種，你必須有心理準備在實現夢想的過程中，經常會遇上一些壞心腸的人或好事之徒，用一些負能量的話如癡人說夢、發白日夢、做白工……不斷來打擊、取笑、諷刺你，所以你必須要有如大象皮膚般厚度的臉皮，及大象重量般的信心。

世界金氏紀錄：記錄了世界上最多、最怪、最大、最小、最不可思議……的，就是一本全世界最屬害的夢想家共冶一爐的書。

電影：編造夢想的工業。難怪創造了ET外星人、吃人的大白鯊和第三類接觸的大導演史匹柏，他的電影公司名稱就叫作Dreamworks。

少女：懷春少女夢是什麼樣的呢？是詩意的、是粉紅色的、是滾著蕾絲的、是慢動作的、是唯美的、是一張鋪滿玫瑰花瓣的床……但這情境往往不是出現在少女的夢裡，而是好色男的夢裡。

8,780,000：這是2005年9月某天，「夢想」中文一詞出現在Google查詢結果上的項目總數。

專門幫人實現夢想的行業

文－莊琬華

魔術師：彷彿童話中魔法世界的引路人，帶著好奇的人進入不可思議的夢想國度。

預言家：預言家的指引，讓徬徨的人找到方向，讓猶豫的人不再疑惑，如果他諭示了美麗的未來，事情彷彿成功了一半。

室內設計師：不論是北歐的極簡主義、法式古典洛可可風、尼泊爾的神祕莊嚴、威尼斯的浪漫風情、日式的禪意空間，他們能在小世界裡，創造大世界的精采。

廚師：黃蓉為了讓洪七公教郭靖武功，做出一道名為「二十四橋明月夜」的菜，可以讓人棄火腿而吃豆腐。手藝高超的大廚師，專門滿足凡人的口腹之慾。

攝影師：不論是北極的極光、聖母峰的嵯崎險峻、非洲草原的生猛野獸……從他們剎那的凝視中，我們得以感受天地萬物之美。

小說家：小說家創造的故事，使人沉迷其中。因為現實總是太過平淡，我們需要生活之外的傳奇。

風水師：經過他的慧眼一看，巧手一動，似乎就驅走了一切厄運，光明前途指日可待。

整形醫師：美醜天生，即使責怪父母也無濟於事，不過，還好整形醫師可以幫人修改、「粉飾」先天的不良之處。

八卦狗仔隊：有他們偷偷摸摸地工作，你就可以光明正大地滿足自己的偷窺慾望，實現你潛意識中的夢想。

點字書與有聲書製作者：能閱讀書籍，如同握有通往無數個世界的鑰匙，可是有些人天生無法閱讀。點字書與有聲書重燃了閱讀之夢，讓他們也可以有機會品味杜斯妥也夫斯基和村上春樹。

理財規畫人員：錢不嫌多，不過，永遠賺不夠。好的理財規畫人員，可以幫人由少聚多，以錢滾錢，不一定累積巨大財富，但至少可以不虞匱乏。

婚禮顧問：即使人生中可能不只一次，但總希望每場婚禮都是特殊而浪漫。專業的婚禮企畫人員打點一切，讓新人專心沉浸喜悅之中。

旅行規畫人員：地球上還是有很多不太容易到達但是卻又十分吸引人的地方，有了他們的專業意見，一趟舒適又驚奇的旅行不再是夢。

編輯：要完成作家大夢不僅是個人努力就好。雖然出書的門檻已經不那麼高，不過要出一本好書，還是得有一位好編輯，以及他所在的好出版社。

寶石工匠：他能把一顆不起眼的石頭琢磨出晶瑩光彩，製作成璀璨奪目的飾品。如果沒有他，石頭永遠是石頭而已。

探險家：不論是傳說中的香格里拉美夢，或尼斯湖裡的水怪惡夢，都需要靠探險家去一探究竟。

動畫師：動畫可以突破任何現實的限制，將夢想中的奇幻世界化為栩栩如生的真實情境。

星探：不管是想成為舉世聞名的大明星，或者只想滿足表演慾的平凡藝人，星探都是最重要的引路人。 ■

築 夢 人 4
愛攝影的受傷搬運工

【蔡余明 40歲】

「人——生很——奇妙，要——及時行樂」，
蔡余明要花上三倍的時間說出這些話，自然是有原因的。
他原本是個搬運工，一場車禍讓語言神經及行動能力受損，只能離職。
還好有他始終熱愛的攝影。
在那段沒工作的日子裡，他再度拿起相機，
雖然身手已不靈活，但他有的是耐性和觀察力。
人和景物間也無須繁瑣的語言，他就緩慢而安靜地，
將故鄉金瓜石的神韻——入鏡。
他的才華及故事受到注意，
伊甸基金會還為他及一些朋友辦了「中途致障者展覽」。
有一個自己的攝影展是蔡余明的夢想，沒想到，
卻是在人生遭到打擊後，逆勢完成了。
現在他已有了工作，但還是會一直拍下去，快門的聲音實在太棒了。

（文—藍嘉俊·攝影—周元楷）

大人小夢

文—墨壘

古代那些稱王、稱霸的人，他們既然已經擁有了近乎一切的資源，是否又有著與平常人迥異的夢想呢？

鄭武公在殺掉叛亂的弟弟姬段之後，將唆使弟弟叛亂的母親遷於潁城，並發誓：「不及黃泉，無相見也！」不久就後悔了。於是他接受了潁考叔的建議，挖了一條深達泉水的地道，在地道中與母親相見，從而既維持了君無戲言的威信又圓了天倫之夢。

秦昭王爲了得到和氏璧，不惜以十五個城池做爲代價，想要向趙惠文王巧取豪奪，趙國不得已派出藺相如帶著和氏璧出使秦國，結果藺相如「完璧歸趙」，秦昭王美夢泡湯。

秦始皇看了〈五蠹〉、〈孤憤〉後，感嘆地說：「嗟乎，寡人得見此人與之游，死不恨矣！」廷尉李斯聽後馬上告訴秦王這些文章實是出自韓國公子、自己的同門韓非之手；嬴政知道後，爲了實現「與之游」的夢想，便派兵「急攻韓」，韓王不得已只好派遣韓非出使秦國，使嬴政如願以償。

齊廢帝蕭寶卷似乎對於開店鋪的興趣遠高於當皇帝，於是他在閣武堂中修建了芳樂苑，苑中並建立一個市集，由太官每天早上把酒肉菜餚送來此處，並使宮人裝扮成殺豬賣酒的人物，由他寵愛的潘妃當「市令」，由他自己擔任「市魁」。如果這些人物發生了爭執，就由潘妃判決，由他自己負責處罰。蕭寶卷這麼荒唐的完成了自己的夢想之後，當年也付出了亡國的代價。

梁武帝蕭衍不僅平時崇信佛教，禮佛時也都脫掉黃袍改穿乾陀袈裟，並且在建業、鍾山等地蓋了同泰寺等三間寺廟，甚至還三次演出出家記，終於償了出家的美夢。然而臣下爲了將他贖回，卻耗費數億金錢，國家更因此滅亡。

隋煬帝楊廣爲了晚上也能與自己非常喜愛的大學士柳顧言作伴，卻礙於情理上沒有「夜召」的慣例，於是便命令工匠製造了一個長相跟柳顧言一模一樣而且會倒酒、敬酒的機器人來作伴，工匠不負所託而達成了隋煬帝奇特的夢想。

唐太宗平時以臨摹王羲之書帖爲樂，並極力購求王羲之真跡書帖。偶然間他得知失傳已久的〈蘭亭序〉在辯才和尚手中，並幾次召辯才前來詢問，然而辯才卻始終推託並無此事。於是唐太宗接受房玄齡的建議派監察御史蕭翼裝成落魄書生，前去與辯才結交。最後蕭翼果然套出了〈蘭亭序〉的下落，並將此帖偷走，幫唐太宗完成了美夢。唐太宗死前更囑咐以此帖陪葬，於是〈蘭亭序〉自此失傳。

明武宗朱厚照有些奇怪的夢想，他不僅想當戰場上威風凜凜的「將軍」，還想當寺廟裡莊嚴肅穆的「法王」。於是他在正德五年自號「大慶法王」，並在西華門內建立了寺廟，用番僧當住持，還讓有關部門鑄造法王官印進獻。後來又於正德十二年之後，趁著數次軍事事件自封爲「總督軍務、威武大將軍、總兵官、後軍都督府、太師、鎮國公朱壽」，一償宿願。 ■

築夢人 ⑤
推廣閱讀的流動攤販

【蔡秀瓊　34歲】

「讀書心得寫了沒？」台北永春捷運站附近的一個流動攤販，會這麼問著你。

老闆蔡秀瓊本身就是一個傳奇，擁有碩士學歷與教職工作，卻擺起路邊攤。

空檔時她就看書，並且和經過的學生有了互動、交換心得。

閱讀既然如此迷人，就應該共襄盛舉。於是，一個推廣閱讀的計畫就展開了。

她會對著上門的大小顧客說，只要交一篇讀書心得，就能換一份大腸包小腸，每月一百個名額。

知道這個消息，還有人阿莎力的掏錢贊助。

現在，推車架子上已經放著一本厚厚的冊子了，從小學生到社會人士，

不論是夾雜著注音符號的鉛筆字或電腦列印，都是大家和某本書相遇的紀錄。

它和蔡秀瓊爽朗的笑聲一起立在街頭，隨時供人翻閱、分享，並且，永遠歡迎加入。

（文─藍嘉俊・攝影─林勝發）

九夢

文—傅凌

1 愛情之夢
最根本的夢想

原來人這樣截成兩半之後，這一半想念那一半，
想再合攏在一起，常互相擁抱不肯放手，飯也不吃，事也不做，直到餓死懶死為止。
若是這一半死了，那一半還活著，活著的那一半就到處尋求匹偶，
一碰到就跳上前去擁抱……
這一切原因就在人類本來的性格是如我向你們所說的，
我們本來是完整的，對於那種完整的希冀和追求就是所謂愛情。
——〈文藝對話錄‧會飲篇〉柏拉圖

這種追求，是不以完整為完整的。

查理斯王子和戴安娜王妃於1981年結婚。15年後離異，分別另行尋找另一半的完整。（©Hulton-Deutsch Collection/CORBIS）

aquesta ccrcuuni es partida del unti
& sarea s ynor iscleuazo

2 財富之夢
最容易扭曲的夢想

我的行其是，與一般人信守的「不要把一個人的所有雞蛋都放在一隻籃子裡」的經商箴言，恰好背道而馳。

我每一時決定了投資的這些東西，我就把所有的雞蛋都放在一隻籃子裡，然後就集中全副心力地注意著那隻籃子。

我認為在任何行業中，邁向顯赫成功的正確道路，是要設法使你自己熟悉清楚那一行業。

——《安德森‧卡內基自傳》安德森‧卡內基

財富的夢千奇百怪，卡內基的是最簡單

一幅十三世紀的畫作，描繪馬可‧波羅的父親尼可羅‧波羅和叔叔馬飛奧‧波羅橫越亞洲的情況。（©Bettmann/CORBIS）

3 和平之夢
最無奈的夢想

如今我們已有機會免於重蹈前輩錯誤，而且致力於建立鞏固的和平。人民爲和平和歡樂而歡呼。一個個家庭能重得團圓嗎？
每個戰士能返回家園嗎？殘破的家屋能重建嗎？辛勤的勞動者能看到自己的家庭嗎？
保衛自己的國家固然光榮，然而更大的征戰就擺在我們的面前。我們面前的任務就是要實現窮苦人們的夢想——
就是讓他們過著和平生活，用我們戰無不勝的力量來保衛他們不受侵略，不罹禍害。
──《二次世界大戰回憶錄》邱吉爾

二次世界大戰結束六十週年的2005年，邱吉爾的話讓我們想起許多被遺忘的夢想。

2003年5月美國推翻伊拉克海珊政權後，巴格達貧困戶的年輕人在棄置的坦克車旁踢足球。（©Benjamin Lowy/CORBIS）

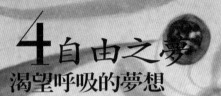

4 自由之夢
渴望呼吸的夢想

當我困頓如繭的處境，比較不會壓迫得我透不過氣來，我的心就能夠像蝴蝶一樣四處飄飛。
⋯⋯我可以在空間、時間裡翱翔，到南美洲最南端的火地群島，或是到神話中的米達斯國王的皇宮去。
我可以去探望我所愛的女人，悄悄溜到她的身邊，撫摸她沉睡中的臉龐。
我可以在西班牙建造城堡，摘採金羊毛，勘察亞特蘭提斯，實現童年的夢想，完成成年的雄心壯志。
——《潛水鐘與蝴蝶》Jean-Dominique Bauby

有些事情，擁有的人是沒法想像如何有人沒得擁有。

敦煌壁畫《飛天之馬》（約繪於535~556年）。（©Pierre Colombel/CORBIS）

5 玩樂之夢
放縱的夢想

對於食物、酒、麻醉品、住所、勞務、衣著、裝飾品、武器及其設備、娛樂品、符籙或神像等等，
他都是任情消費的，是挑最好的消費的。
他所消費的物品的逐漸改進的主要動機和直接目的，無疑是在於使改進了的、更加精美的物品，
更加有利於他個人的享受和個人的福利。
——《有閒階級論》凡勃倫

沒有放縱的夢想，是沒有黑色顏料的調色盤。

美國佛羅里達迪士尼樂園。（©Louie Psihoyos/CORBIS）

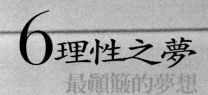

6理性之夢
最顛簸的夢想

我們必須腳踏實地，獨立自主，實事求是地看待這個世界：
好的事實、壞的事實，它的美麗和醜惡；
這個世界是怎麼樣的就怎麼樣地看待它，而不要害怕它。
……一個美好的世界需要知識、仁慈和勇氣；
它不需要充滿遺憾地嚮往過去的日子，
也不需要被久遠以前無知人們所說的話語，而束縛住自由的智慧。
它需要無所畏懼的眼界，和無所束縛的智慧。
它需要的是抱著希望面對未來，而不是一路留戀死亡的過去
──我們相信：我們智慧所能創造的未來，不是過去所能望其項背的。
──〈為什麼我不是基督徒〉羅素

瘋狂的年代，才有理性之夢的實踐。距離我們不遠的二十世紀初，羅素和愛因斯坦如此告訴我們。

愛因斯坦，攝於1951年1月1日。（©Getty Images）

8 革命之夢

最初成的夢想

文奔走國事三十餘年，……幸賴全國人心之傾向，仁人志士之贊襄，乃得推覆專制，創建共和。本可從此繼進，
……一躍而登中國於富強之域，躋斯民於安樂之天也。不圖革命初成，
……失去一滿洲之專制，轉生出無數強盜之專制，其爲毒之烈，較前尤甚。於是而民愈不聊生矣！
溯夫吾黨革命之初心，本以救國救種爲志，欲出斯民於水火之中，而登之衽席之上也。
今乃反令之陷水益深，蹈火益熱，與革命初衷大相違背……
——《孫文學說》孫中山

革命者的感慨，不免重複。

孫中山和他的隨行人員，攝於1910~1920年代期間。（©CORBIS）

9 生命之夢
最禁忌的夢想

二十八年，始皇東行郡縣，……南登琅邪，大樂之，留三月。
……既已，齊人徐市等上書，言海中有三神山，名曰蓬萊、方丈、瀛洲，僊人居之。
請得齋戒，與童男女求之。於是遣徐市發童男女數千人，入海求僊人。
──〈史記‧秦始皇本紀〉司馬遷

秦始皇求長生藥約二千二百年後，世界第一個複製生命誕生。

第一隻複製羊桃莉。（©MC LEOD MURDO/CORBIS SYGMA）

夏朝的后羿是中國世襲制度中首位篡位的君主，而嫦娥偷后羿不死藥奔月的神話故事也與他相關。

根據《周禮》的記載，周朝時已有「大卜」一職，「掌三夢之法，一曰致夢，二曰觭夢，三曰咸陟。」其中負責「占夢」的又稱為「占夢者」，專門負責解夢，以日月星辰的變化來解讀君主的夢境背後所代表的吉凶與意義。冬末，占夢者還要「獻吉夢于王」。

鄭穆公之女夏姬，嫁於陳大夫公子夏御叔，夏御叔死後美貌的夏姬開始成為各方爭奪的對象。最後更導致陳國滅亡，使楚國將軍巫臣義無反顧拋家棄子，而與之私奔，同時巫臣的反叛也是日後吳國、楚國大戰的濫觴。史稱夏姬間接「殺三夫、一君、一子，而亡一國、兩卿」，由此可見其美貌之難以想像。

老子在《道德經》中提出「小國寡民……甘其食，美其服，安其居，樂其俗。鄰國相望，雞犬之聲相聞，民至老死不相往來。」的理想，並認為成功是一步一步累積而來的，因而勸誡世人「慎終如始，則無敗事」。

伍子胥花了十八年的時間，積極籌畫復仇行動，最後儘管吳國攻入楚國時仇人楚平王、費無忌都早已相繼死去，但他總算用「鞭屍」的方式報了殺兄之仇。

孔子晚年時感嘆：「甚矣，吾衰也！久矣，吾不復夢見周公。」用「不復夢見周公」來感嘆自己身體的年老與衰落。此外，孔子也曾在一次與弟子的座談中，問及各位弟子的志向，只有曾皙的「莫春者，春服既成……童子六七人，浴乎沂，風乎舞雩，詠而歸。」獲得孔子的贊同。

第 1 個階段（到公元開始）
百花齊放的夢想階段

在中國，東周以後進入一個有關夢想百花齊開的階段。處在戰爭與和平并陳的時代，統治者紛紛做著如何一統天下的夢。思想家紛紛提出對人生及宇宙觀的解釋。英雄豪傑各自提出經世濟民的夢想。是一個各種夢想爭奇鬥妍的階段。

在西方，愛琴海與希臘半島也成了有關戰爭、和平、哲學、科學、藝術、政治制度等各種夢想蘊育之地。最後以亞歷山大統一希臘城邦，建立一個橫跨亞、非二洲的帝國，並展開希臘化時代為高峰。羅馬，則繼承了希臘部分的夢想。

中國與夢想相關大事紀

以歐美為主的其他地區與夢想相關大事紀

夏	商	西周
4000BC. 3000BC. 2000BC.	1200BC. 1000BC.	800BC.

法老王胡夫（Khufu，前2543年-前2520年在位）死後，其繼承人為他建造了埃及規模最大的金字塔王陵「胡夫金字塔」。古埃及人因篤信人死之後，靈魂不滅而仍會依附於屍體之上，因此法老王等重要人物死後均被製成木乃伊，存放於具有保護屍體作用的金字塔之中。

前1260年，摩西帶領以色列人脫離埃及奴役，前往應許之地。前300年左右，《舊約聖經》成書，以一本書而凝聚了所有猶太人的夢想。〈創世紀〉中「牛奶與蜂蜜之地」，更成為夢想目標的代名詞。

前8世紀，荷馬完成《奧德賽》與《伊里亞德》兩大史詩，《奧德賽》裡的尤里西斯歷經十年的流浪，終於完成回家的夢想，而尤里西斯也成為西方流浪者的原型。

伊底帕斯（Oedipus）是希臘神話中底比斯國王拉伊俄斯和伊俄卡斯特的兒子，他為了逃避「殺父娶母」的神喻，而終於以殺父娶母的悲劇收場。象徵人在命運之前，主觀力量的枉然。

前453年，豫讓經過多年準備刺趙襄子不成被擒，趙襄子有感於他的恆心，便脫下他的衣服讓豫讓完成了象徵性的復仇行動，豫讓也因此自殺，成為先秦時極為著名的刺客之一。

《列子》提出「覺有八徵，夢有六候」的說法，因此認為夢（睡時）的由來是與覺（醒時）時的作為有關的，是日有所思，夜有所夢說法的濫觴。他並以「陰陽二氣」的盛衰對作夢的原因做了生理學上的解釋，如「故陰氣壯，則夢涉大水而恐懼；陽氣壯，則夢涉大火而燔焫。陰陽俱壯，則夢生殺。甚飽則夢與，甚肌則夢取。」此外，此書更記載了「夸父追日、愚公移山」的神話故事。

墨家創始人墨子懷抱著要使天下充滿愛與和平的理想，而極力提倡兼愛、非攻的思想，並積極協助弱小國家防禦強大國家的進攻，這也使得墨家成為戰國兩大顯學之一。此外，墨子也在〈經上〉篇中首次對「夢」提出了解釋：「夢，臥而以為然也。」意指人在睡覺時以為所感知到與正在發生的事情是真實的。

宋鈃、尹文等人提倡「禁攻寢兵」之說，想藉此消弭天下戰亂，並主張減少情慾，想藉此使自身身心趨於安寧。

孟母為了能讓孟子有一個良好的學習環境，將來出人頭地，於是演出孟母三遷的著名故事。

莊子在〈齊物論〉中就夢蝶一事提出看法：「不知周之夢為胡蝶與，胡蝶之夢為周與？」並以此嘲諷了那些自以為覺醒的人，而他也對所謂的「真人」下定義：「其寢不夢，其覺無憂，其食不甘，其息深深。」因此真人應該是不受任何限制的。
莊子在〈逍遙遊〉中更提出「適莽蒼者，三餐而反，腹猶果然；適百里者，宿春糧；適千里者，三月聚糧。」認為有遠大志向的人更應準備足夠的糧食。

《禮記》在〈禮運〉篇中提出大同世界的理想，希望「大道之行也，天下為公。選賢與能，講信修睦，故人不獨親其親，不獨子其子，使老有所終，壯有所用，幼有所長，矜寡孤獨廢疾者，皆有所養。男有分，女有歸。貨惡其棄於地也，不必藏於己；力惡其不出於身也，不必為己。是故謀閉而不興，盜竊亂賊而不作，故外戶而不閉，是謂大同。」

前359年，商鞅變法，成為秦國日後完成統一六國夢想的基礎。

前221年，秦始皇成為中國第一個皇帝。他在統一中國後卻有兩個夢想，第一個夢想他「為始皇帝。後世以計數，二世三世至於萬世，傳之無窮。」他夢想著他的朝代可以傳至萬世；第二個夢想是長生不死。兩個夢想都沒能實現。

項羽初次看到巡行天下的秦始皇時說道：「彼可取而代也」，而另一位英雄劉邦在看到秦始皇時卻說：「大丈夫當如此也」。後來項羽成為西楚霸王，為顛覆秦王朝起了關鍵性的作用，而劉邦則成為漢王便率先攻入咸陽，滅了秦朝。最後兩人相爭，項羽以自刎烏江收場，劉邦則成了漢高祖。

司馬遷因上書救李陵而遭受腐刑，本不欲苟且偷生，但退而深思，以「左丘失明，厥有《國語》；孫子臏腳，而論兵法」自勉，終於於前91年撰成《史記》。

前139年，張騫與一百多人出使西域，打算與大月氏聯合攻打匈奴，途中遭到匈奴擄獲。前126年，張騫趁著匈奴單于逝世而逃出張騫此次出使的斬獲，不僅為漢朝開拓出通往西域的南北道路，並從西域諸國引進了汗血馬、葡萄、石榴、胡麻等特產。

春秋		戰國		秦		西漢	新莽	東漢
600BC.		400BC.		200BC.		50BC.	0	

釋迦牟尼（Sakyamuni）於前563年誕生。佛經中，對「夢想」有許多解釋。《金剛經》中「一切有為法，如夢幻泡影」更是廣為流傳。雖然佛教的大乘和小乘對這句話也有不同的解讀，但是相對於基督教的教義，佛教對「夢想」的追求，基本上是保守的。

前594年，梭倫（Solon）被任命為首席執政官，在雅典推行改革：設立四百人議院，建立公眾法院，准許下層階級參加。並接納外來工匠成為雅典公民，規定父親必須傳給兒子一項技能。廢除現有債務，以解放債務奴隸，並禁止以債務迫人為奴隸。從而給予公民們希望與理想。

前500年，希臘詩人品達爾（Pindar）如此說道：「人生是一個影子所做的夢。」普魯塔克（Plutarque，約45-約125）對此申訴說：「影已是虛弱，影子之夢又比影子還要虛弱。」

前5世紀，希臘文字系統建立，成為日後拉丁字母的源頭。

柏拉圖（前427-前347）晚年著《理想國》。不論從政治、教育、社會組織、個人如何看待自己的方面，都為後人立下了一個努力嚮往的標竿。

蘇格拉底死後，學生安提西尼（Antisthenes）等秉持他對公眾意見不以為意的信念，鄙棄物質財富，在鄉間遊走，對城邦生活的價值冷嘲熱諷，是為犬儒學派。

狄摩西尼（前384-前322）曾因咬字不清、論證無力而遭聽眾轟下講壇。於是他刻苦自立，為了閉門不出而將頭髮剃成陰陽頭，專心研讀《伯羅奔尼撒戰爭史》，為了改正發音問題與增大嗓門，而在練習朗誦時在嘴中含著小石子迎著海濤說話，為了改正說話聳肩的毛病而在頭頂上懸掛一把鐵叉。終成大器，領導雅典人對抗馬其頓侵略達30年之久。

犬儒主義的代表人物第歐根尼（Diogenes）長年住於木桶之內。一次亞歷山大慕名來訪，當亞歷山大問他需要什麼時，他只是驕傲的回答：「只希望你閃一邊去，不要擋到我的陽光。」

前324年，亞歷山大率大軍返回巴比倫（Babylon）並以巴比倫為帝國首都。隔年病逝於巴比倫，享年33歲。亞歷山大死後，帝國一分為三：馬其頓王國、賽流卡斯（Seleucus）王國、埃及王國。

前323年，亞歷山大部將托勒密取得埃及，是為托勒密一世。他建立了博學院（Museum），招來歐幾里德、史特雷波等知識分子。托勒密二世繼承他的遺志興建圖書館，成為當時最大的圖書館。

1828年，考古者於埃及底比斯墓葬發現一抄寫於前300年左右的紙草文獻，文獻上記有希臘的煉金術諸如「黃金為造術、銅器鍍金法」等標題，內容主要在教人如何偽造黃金與寶石等等。

前四年，耶穌誕生。

前333年，亞歷山大東征，擊破波斯帝國，完成大流士和他父親腓力都沒能實現的夢想，首次在人類歷史上建立一個橫跨歐、亞、非三大洲的帝國。隨著亞歷山大東征而建立的許多城市以及隨著軍隊留在這些城市的希臘移民，希臘文化隨之廣為傳播，此後三百年遂被喻為「希臘化時代」（Hellenistic Age）。亞歷山大的功業，成為後世自許為英雄人物者的夢想標竿。

漢光武帝第九子劉荊，在寫給東海王劉彊的信中，首次提到名句「精誠所加，金石為開」。

和熹皇后鄧綏，執意學習，六歲讀史書，十二歲通《詩》、《論語》，因而「晝修婦業，暮誦經典」，被家人稱為「諸生」，兄長讀經傳時，每每還要請問她；父親遇事情時，也事無大小都與她進行討論。算是古代不畏女性地位低弱而執意學習有成的典範之一。

班固在〈漢書‧藝文志〉中著錄有《黃帝長柳占夢》十一卷、《甘德長柳占夢》二十卷。此後在歷代的官修書目中，占夢之書始終未嘗缺席。

東漢中期，張陵創「五斗米教」，是為道教。

班超：「大丈夫無它志略，猶當效傅介子、張騫立功異域，以取封侯，安能久事筆研間乎？」於是有投筆從戎之事，後來以三十六騎折服西域諸國，並曾發出「不入虎穴，不得虎子」之豪語。

鄭玄年輕時喜歡學習經典、向學者討教學問而不喜歡做官，他的父親屢次動怒卻也不能阻止他；鄭玄因此兼具了今文經學與古文經學的知識，最後更通融做一，成為兩漢經學之集大成者，是漢代最大的「通儒」。

劉備三顧茅廬請諸葛亮出山，諸葛亮因而對劉備提出三分天下的大戰略，成功的幫劉備建立了蜀國。

曹植〈說疫氣〉中描述當時的環境：「建安二十二年，厲氣流行，家家有僵尸之痛，室室有號泣之哀。」張仲景目睹如此慘狀，發願精研醫術，最後果然做出一番事業，被後人尊為「醫聖」，有《傷寒論》諸書傳世。

第2個階段（從公元開始到14世紀）
夢想開始受限的階段

在中國，漢武帝獨尊儒術，讀書人的思想開始受到限制。東漢末年開始的戰亂，使道教創立而佛教興起。道教的創立與佛教的傳入，使中國人開始有宗教的憑藉來寄託夢想。到隋朝確立科舉制度，給了此後所有中國人一個晉身之階的新希望。

葛洪在《抱朴子》一書中為人是否能成仙，做了諸多的辯護，並終身修練仙術、煉丹之術。此外他也提出「棋聖、書聖、畫聖、木聖、機械之聖、治疾之聖、兵聖」等等，這種「成聖」的理想儘管還在「成仙」之下，卻也是歷來各行各業有志者的夢想。

三國	西晉	東晉	南北朝	隋
200	400		600	

在西方，羅馬帝國取代共和體制之後，就開始往下坡路走。到公元三世紀左右，各地遭受戰爭、瘟疫的殘害，大量的死亡使宗教勃興，基督教日益興旺。上天堂，成了普羅大眾的終極理想。西羅馬帝國滅亡後，歐洲進入黑暗時代，夢想停滯的時代。直到十字軍東征，才開始逐漸從東方又引來一些夢想的火種。

前44年，凱撒被刺。前27年，奧古斯都改共和為帝國，登基成為羅馬皇帝。羅馬共和時期進入歷史。

634年，穆罕默德以區區三、四千人的軍隊起兵，在接下來的一百年間，回教建立了一個橫跨中亞、北非及西班牙的大帝國。而回教的東征西討與擴大版圖，也帶動了東西各種文化的交流。

公元開始之後的幾個世紀，持續而來的各種瘟疫和傳染病造成大量人口死亡，人們相信自己是罪有應得，懺悔和求救的願望強烈。另外羅馬帝國衰微，各地戰亂頻仍，人們越來越相信日益興旺的基督教。基督被看作是一切身體和心靈苦痛的救世主。

希臘化時期的哲學家普羅提諾（Plotinus，204-269）曾用「夢中鏡、鏡中影、水中像」來比喻世界之空幻與虛妄，他認為世界不過是神的生命的一種延伸。

313年，君士坦丁大帝頒布基督教為羅馬合法宗教後，基督教徒才免除長達數世紀的迫害。380年，狄奧多西定基督教為羅馬國教。基督教從此成為歐洲唯一的信仰來源。

395年，羅馬帝國分裂為東、西羅馬帝國。

耶路撒冷，既是耶穌傳福音、背十字架受難以及復活的聖地，同時也是猶太教聖殿所在地，到了回教穆罕默德於此處逝世後，此地又成為回教聖地。從此朝拜聖地，便成了三大教派教徒的理想，而爭奪聖地之事也開始釀成無數悲劇。

三國時代，曹丕實行九品中正制，開始以籍貫、門第取士，是稱門選。門選也促成了世家大族對認宗、聯宗、聯姻的嚴格把關，以防低門第者以此擠入高門第。政治資源因此累世集中於世家大族之手，形成了「下品無士族，上品無寒門」的局面。587年，隋文帝廢除九品中正制度，開科舉取士的制度，人民從此真正不論出身高低，以考試來定勝負，成為很公平的遊戲規則，也成為所有讀書人魚躍龍門的夢想實現途徑，影響中國直到清朝末年。

為了追求長生不死，唐太宗李世民廣求丹藥，最後卻也因丹藥之毒而死，死時不過五十二歲。此外，唐太宗極為喜愛王羲之的《蘭亭集序》，欲得之而後快，死時更囑咐以此寶陪葬。唐太宗完成了自己的夢想，但《蘭亭集序》卻也從此消失了！

唐玄宗迷戀牡丹花，一時間上至滿朝文武、下至平民百姓，都開始培植栽種牡丹花。致有詩人作詩感嘆：「近來無奈牡丹何！數十千錢買一棵。」並有「一國若狂不惜金」的說法，牡丹熱也因此成了平民致富的簡易途徑。

白居易在〈夢仙〉一詩感嘆：「悲哉夢仙人，一夢誤一生！」又有詩感嘆夢中時間與現實時間存在著巨大差異之現象。又有名句：「浮生都是夢，老小亦何殊？」是「浮生若夢」一語的由來。

李後主有名句：「世事漫隨流水，算來一夢浮生。醉鄉路穩宜頻到，此外不堪行。」

627年，玄奘隻身赴天竺取經。645年，取回657部梵文佛經，在長安進行翻譯。弟子辯機紀錄其口述的西行見聞成《大唐西域記》。

宋真宗（998-1022）〈勸學文〉：「富家不用買良田，書中自有千鐘粟；安居不用架高堂，書中自有黃金屋；娶妻莫恨無良媒，書中自有顏如玉。」

蘇軾有名句：「人有悲歡離合，月有陰晴圓缺，此事古難全。但願人長久，千里共嬋娟。」講出了人生最基本也可能最難達成的夢想。

洪邁在〈容齋隨筆·古人占夢〉中探討占夢的始末。

1206年，鐵木真統一蒙古各部，建立蒙古帝國，被尊為「成吉思汗」。此外又經過不斷的開疆闢土，建立了橫跨歐亞大陸的空前大帝國，其帝國管轄面積更是世界之最。

1274年，忽必烈派出九百艘戰艦遠征日本，因遭遇颱風而全軍覆沒；1281年，忽必烈又再度派遣四千多艘戰艦遠征日本，卻同樣遭遇颱風而幾乎全軍覆沒。忽必烈征服日本的夢想，終未能成。

施耐庵完成《水滸傳》，書中記載梁山泊「替天行道」的一百零八條各具異能的好漢，其第一號人物是「及時雨」宋江，仗義相助的思想於此得到了加強。

唐	五代	北宋	南宋	元	明
00	1000	1200			1400

8世紀，阿拉伯開始流傳《天方夜譚》的故事，其中有神燈精靈，人只要向他許願，便可實現夢想。

大約8世紀時，中國煉丹術傳入阿拉伯，阿拉伯第一部煉金著作《七十書》由查比爾完成，查比爾因而被稱為「阿拉伯化學之父」。12世紀以後，煉金術傳入歐洲，成為中世紀發財夢的一個重要支柱。

768年，查里曼成為法蘭克國王，想要重振羅馬帝國雄風，800年時，被封為西羅馬帝國國王。查里曼重視文化與教育，請學者制定一種特別的加洛林書寫字體。每個字相互獨立，是後來羅馬體的源頭。

12世紀，中國的羅盤、造紙術傳入歐洲。造紙術的傳入更為接下來的古騰堡活版印刷及文藝復興等運動做了先導的鋪陳。

據記載，約在1284年義大利人Salvino D'Armate發明了眼鏡，亦有說法認為是由義大利僧人Nicolas Bullet在1285年所發明。

1295年，馬可波羅回到威尼斯。1298年參加威尼斯與熱那亞的海戰。戰敗被俘，在監獄裡花數月講述遊歷經歷給同伴聽。《馬可波羅遊記》出版後很快被翻譯為其他歐語，引起歐人對於富饒東方的追求。

1096-1291年，歐洲發起十字軍東征，大量屠殺猶太人，並由阿巴斯王朝等阿拉伯國家中，學得火藥、造紙、印刷等技術與十進制阿拉伯數字等，而藉由阿巴斯王朝所保留下來的希臘文獻也在此時回傳歐洲。歐洲開始成立學院，將阿拉伯文翻譯成拉丁文，展開對希臘文獻的研究，希臘文化開始在西方發生廣大的影響。

從大約4世紀到14世紀，整個中世紀的歐洲，普遍沒有什麼夢想的實踐可言。就菁英階層而言，雖然許多英雄豪傑想要重振羅馬帝國的威風，甚至統一歐洲，但是沒有人能做到；就社會基層而言，諸多戰亂及瘟疫的流行，使得滿足生存已是很大的奢望；就經濟體系而言，進入了封閉的莊園及城堡時代；就思想而言，唯我獨尊的基督信仰，更重重限制了種種夢想的馳騁。因而整個中世紀又被稱之為黑暗時代。

1315年，但丁開始創作《神曲》。歐洲人對地獄及天堂的想像，得到了最大的發揮。

1353年，薄伽丘創作了小說集《十日談》。

1907年，《新世紀》雜誌除了鼓吹無政府主義之外，更鼓吹消滅漢字，認為漢語漢字是同胞陷入貧困的主因，因而提出「漢字不滅，中國必亡！」的口號，並主張「改用萬國新語」、消滅漢字。然而這種缺乏科學思維的幻想，終於未能實現，而中國也未曾因為使用漢字而滅亡。

1911年，10月10日，武昌起義爆發，革命人士終於在十一次起義行動後，推翻了帝制，建立了中華民國。孫中山被推舉為中華民國臨時大總統，此後更被尊稱為「國父」。

1909年，屬於中國第一批留學生的詹天佑花了四年的時間終於使京張鐵路通車，比預定的日期還早兩年。粉碎了二十世紀初期外國人：「中國人不想靠外國人修鐵路，就算不是夢想，至少也得五十年」的說法。

第4個階段（20世紀至今）
政治與科學夢想主導的階段

二十世紀的夢想，有兩個特色。一個是有關國家的。因為這個夢想，先是西方再東方，我們有了

1915年，日本公使向中華民國總統袁世凱直接提出二十一條要求，袁世凱為了一圓作皇帝的美夢，答應了欲藉此滅亡中國的日本。隔年，袁世凱登上皇帝寶座，改中華民國為「中華帝國」，然而在聲勢浩大的反袁護國運動中，帝制便被迫取消，袁世凱的皇帝夢只做了不到三個月的時間，同年他死於北京。

1920年，陳獨秀等人創立中國共產黨。

1937年，盧溝橋事變，日軍揚言「三月亡華」。

1946年，國共內戰開始。

進入19世紀後半之後，因緣際會，上海成為財富夢想的實現地。上海不僅成就了各種行業的發展與人物，這些人物在1949年之後遷往香港與台灣，還給這兩個地區在日後的發展保留了實力與基礎。

| 1900 | 1920 | 1940 |

不斷的革命。另一個是有關科學的。因為這個夢想，人類從只能在地面上行動的族類，進了天空再太空。也因為科學夢想的實踐，我們的居家生活，娛樂活動，有了和之前任何一個階段的人類都截然不同的面貌。只有在進入二十一世紀之後，人類才又發現自己的許多夢想的脆弱。於是，再啟發對下一個階段夢想的蘊育。

中國，大部份的時候，在依循西方發展的路程。

1900年，佛洛伊德發表《夢的解析》，為精神分析學（psychoanalysis）揭開序幕。其後榮格首次提出中年危機與人格分裂的說法。

進入20世紀，世人競相追逐探索極地的夢想。1909年，皮瑞（Robert E. Peary）登上北極；1911年，亞孟森（Roald Amundsen）以及他的隨行人員首次登上南極。

1911年，法國一位設計師的妻子身穿穆斯林長褲出現在「一千零一夜」夜總會的舞廳裡，引起轟動，也是女人著長褲的開端。1920年8月，美國正式將婦女投票權納入聯邦憲法。女人逐漸走出家庭的夢想，開始實現。

1917年，蘇聯紅色十月革命。自1848年馬克思發表《共產黨宣言》以來，現代人類一個最大的社會組織的夢想，開始進入實證與檢驗的階段。

一次大戰結束後，各國為了和平的理想，成立國聯。這個組織很快化為夢想的泡影。

1940年，日本外相松岡洋右發表「大東亞共榮圈」的狂想，企圖把東南亞及西南太平洋的廣大地區都變成日本的殖民地，供日本人予取予奪，計畫終告失敗。

希特勒在《我的奮鬥》中提出「維持共同體而忽視自己本身利益」的整體主義是雅利安人獨有的特點，並主張消滅擁有自私自利特點的猶太人。第三帝國由盛而衰，固然希特勒自己的夢想破滅，也把無數人幸福家庭的夢想化為灰燼。

1945年，美國派遣兩架B-29轟炸機在日本廣島和長崎投下兩顆原子彈，迫使日本投降。

1949年，中華人民共和國建立。為了實踐長期以來的建國理想，在社會各個層面都採行了許多行動。在文化上，延續30年代的羅馬字運動，推動簡體字及漢語拼音。在政治與經濟上，1950年推動土改鎮反，51年三反，52年五反，53年工商改造，54年反胡風集團，55年肅反，57年反右，58年大躍進，59年反右傾……終至於1966年爆發文化大革命，為追求夢想的實現而未曾停歇過。

1947年，二二八事件爆發。
台灣爆發四六事件，五月一日，陳誠宣布台灣地區軍事戒嚴；七月，實施公務員連坐保證制度，發布《台灣地區戒嚴時期出版物管制辦法》。

1950年代，台灣進入白色恐怖時代，閱讀小說成為重要的日常娛樂。

1950年，《中華人民共和國土地改革法》公布。
1951年，台灣開始「耕者有其田」。

1954年，金庸首次發表《書劍恩仇錄》，大受歡迎，此後陸續創作膾炙人口的《笑傲江湖》、《天龍八部》等書，風靡整個華人地區。被譽為成人的童話，是當代許多人一圓江湖夢的理想讀本。

1957年，楊振寧獲得諾貝爾物理學獎，成為中國第一位諾貝爾獎得主。

1962年，台灣電視公司正式設立，同年正式開播電視，是台灣第一家電視台。
1964年，中國第一顆原子彈在新疆羅布泊試爆成功。

1966年，文化大革命開始。同年，台灣開始設立加工出口區。

1974年，台灣推動十大建設。

1979年，台灣開放出國觀光。

中國大陸自1980年中共人大批准經濟特區，同年大陸個體戶取得合法地位之後，開始新的財富實踐。到2001年，大陸已經在富比世的全球富豪排行榜上，產生了一些新生的富翁。

從台糖退休的小職員曹慶發願成立植物人安養院，更成立「創世社會福利基金會」。

1996年，台灣第一屆民選總統誕生。

1997年，香港回歸大陸，同年亞洲金融風暴。

2000年，江澤民提出「三個代表」說。

2002年，台灣開始風靡樂透彩券。

2003年，大陸太空人楊利偉搭乘「神舟五號」，於太空中飛行21小時又23分，環繞地球十四週，成為中國首位登太空的太空人。

2008年，北京奧運。

1960　　　　　1980　　　　　2000

二次大戰結束後，各國再次為了和平的理想，成立聯合國。但不久也因冷戰的出現而無法照理想運作。二次世界大戰後，美國成為世界新霸權，繁榮的經濟與強大的國力是吸引各地人民前往的主因，因此取得綠卡、移民美國，成為當時各國人民的夢想。2000年人口普查的結果顯示，美國有285萬華人，並有三分之一已成為美國公民。

1950年，第一張信用卡由美國人Ralph所發明。

1953年，紐西蘭人希拉里（Edmund Percival Hillary）首次成功登上珠穆朗瑪峰。

1961年，蘇聯太空人加加林（Gagarin），首次成功乘太空船環繞地球89分鐘。1969年，美國人阿姆斯壯登陸月球。2002年，南非商人開一般人付費上太空的先例。

1963年，金恩博士發表〈我有一個夢〉，為美國種族平權的夢想，構畫出一個美麗的遠景，以及行動的綱領。

1968年，ARPANET開始網際網路的時代，1971年傳送第一封電子郵件。

1969年，披頭四成員藍濃以個人名義發表〈Give Peace a Chance〉，為越戰年代所有反戰的夢想說出了心聲。

1977年，Apple II問世，正式開啟個人電腦時代。1981年，第一台手提個人電腦「Osborne 1」上市，重24磅。

1977年，第一套符合公開鑰匙加密條件的密碼系統被設計完成，取三位開發者名字第一個字母而合稱為RSA加密系統。

1981年，日本開始進行為期十年的第五代電腦計畫，希望設計出能處理自然語言與具備人工智慧的超級平行電腦，最後以失敗告終。

1981年，英國王子查理與黛安娜結婚，成為愛情夢想的一個代表。但是十五年後，這個夢想破滅。1996年，黛安娜與查理離婚；1997年，黛安娜車禍身亡。

1989年日本任天堂在日本推出第一部手提式電動遊戲「Game Boy」。

1990年，提姆·柏納李（Tim Berners-Lee）把網路帶入WWW時代，網路才開始真正日益普及。

1997年，複製羊桃莉誕生。2003年，中、美、英、日、法、德六國共同研究的所有人類基因圖譜排序已宣告完成。了解生命起源，以及複製生命的夢想，得以向前跨一大步。

2001年，911，美國遭恐怖組織襲擊；2005年，英國倫敦亦遭恐怖攻擊。人類離和平的夢想也越來越遠了。

2001年，美國加州富商提托耗費二千萬美元，得以一償邀遊太空之夢。

2005年，美國紐澳良遭受Katrina颶風侵襲，五十萬人被迫離開家園。

是儒是釋抑是道？
古人說夢雜錄

夢想是現實投射，還是鏡花水月？或者，最佳境界應該是沒有夢？

文—葛兆光

小引：吾久不夢見周公

　　窗外的雨打在芭蕉葉上淅淅瀝瀝。孔子倚几而坐，不由得從心底裡生出一絲倦意。想到昨天才罵過晝寢的宰予，自己也不便白晝睡覺，便伸了個懶腰歎氣說，「真悲傷呀，我老了，好久沒有夢見周公了。」

　　心有千千結，夢有千千種。夢境寄寓希望也逃避絕望，還常常透露著願望，有時候，它還彷彿暗示著未來的吉凶。古人相信夢想與現實有緣，所以不止民間，就連官方也設置了專門破譯夢想的官員，「掌其歲時，觀天地之會，辨陰陽之氣，以日月星辰，占六夢之吉凶」，人有哪六夢呢？《周禮》和《列子》都說，一是正夢，是自然而然的夢，二是噩夢，是因為驚愕而夢，三是思夢，就是有所思念的夢，四是寤夢，將醒來時的夢，五是喜夢，是高興的夢，六是懼夢，就是因恐懼而做夢。

　　孔子做的當然是思極而夢。他夢寐以求的就是繼承周公偉大的事業，建立新的秩序，可是周公沒有來入夢，彷彿暗示著希望有些接近了絕望。

周公解夢：好個現實的夢想觀

　　周公不曾入孔子的夢，但後人卻因此讓周公來管天下的夢境。一百多年前在敦煌發現的幾萬卷古文書中，就有一卷叫《周公解夢書》。

　　雖說孔子夢周公，顯示的是偉大的理想主義，但當世俗人讓周公解夢，卻表現了徹底的現實主義。他們常常把匪夷所思的夢，解釋成實實在在的事，把後來實現的結果，附會到事先的夢境；或把人們瑣碎的期望，寄託在夜間的夢裡，而把睡夢中的故事，卻落實成具體的生活。《解夢書》裡面說，夢見印鈎人得子，夢到侏儒事不成，如果夢到香物，則可以得到女子的歡心，而夢到竹子，就可能成為隱士。人們把希望和恐懼都投射在夢裡，又把想像和聯想挪移到解釋，下圍棋是互相鬥智，夢見下棋就一定會引起爭鬥，圍簾和屏風可以遮蔽，萬一夢見圍簾和屏風就要隱匿。用梳篦梳頭，「其髮滑澤，心喜也，蟣虱盡去，百病愈也」，所以，夢見

梳篦就可以解憂。

　　不相信浪漫的夢境，也沒有偉大的理想。在解說夢境時，更多的是把它當作生活世界的投影和折射，這投影和折射，又被所謂周公解釋成生活中即將實現的細節。當然，也有偉大的夢境，但只是偉人的靈光一現，「漢高祖夢見赤龍，百日得天子，光武夢見乘龍上天，日月使人，五年得天子」，平頭百姓不必也不能做這樣狂悖的夢。對於普通人來說，無論你夢見什麼，最終落實的是日常生活。書裡的周公倒很細心，把夢境分成了天文、地理、雜事、哀樂、器服一直到禽獸、龜鱉等等若干類，讓人們可以按圖索驥，讓夢境能夠對號入座。有的從心理上解除你的憂慮，夢見死人並不是不好而是得財，於是不必緊張與焦慮；有的只是根據聯想進行好像合理的解釋，夢見夫妻相拜是因為擔憂別離，因為擔憂才有格外相親相愛，這是給你一個可以理解的答案，讓你信服；當然，也有的是純粹占卜，像夢見打鼓是有喜，夢見井水旺盛是家有喪事，無論靈驗不靈驗，反正可以幫你未雨綢繆。

　　最常見的解夢策略，總是透露著一個傳統社會的現實取向。

如是我聞：世界乃一顛倒夢想

　　和儒家不一樣的是佛教，《金剛經》裡說，一切「如夢、如幻、如泡、如影、如露、如電」，最後是「如如」，連像什麼也只是像什麼而已，一切都是虛幻，世界本來就是一個顛倒夢想。可「假作真時真亦假」，人在這個夢想世界中，便有種種焦慮和渴求，要麼望梅止渴，要麼飲鴆止渴，夢想不是理想而是妄想，這妄想來自心靈，《僧伽羅剎所集經》說，人心常常遠馳，就好像夢想，人心貪戀境界，就好像多動的獼猴，人心有種種貪婪和癡戀，就好像孔雀常顧影自憐。

　　也許世俗人會懷疑，我們真的是在夢想中麼？如果我們在夢想世界，那麼，這個世界為什麼這麼誘人？沉湎在這個「形在人間，神遊上界」的夢想中，有什麼不好？為什麼要像佛教徒一樣，「栖栖獨處，傍無笑語，剃髮除鬢，違親背主」？可是佛教說，你陷入這個夢想，就產生種種幻想，幻想之後會有妄想，妄想不成，便會有種種狂想，最終由希望到失望，由失望到絕望，一生又一生地纏繞在這種虛幻夢想中，沉浸在苦澀的絕望中。

　　佛教智慧就是讓你從這個夢想中解脫出來，「夢想消滅，寤寐恒一。覺明虛靜，猶如晴空。無復麤重，前塵影事。觀諸世間，大地山河，如鏡鑒明，來無所粘，過無蹤跡」，對於夢想世界沒有留戀，這就好像大雁飛過湖泊，並沒有想到把影子留在湖泊上，湖面印照出大雁的影子，湖面本身也並非有意要留住大雁，你所貪戀的世上萬象，佛教看來不過只是偶然的「鏡花水月」。

　　「影外影為三等妄，夢中夢是兩重虛」，前句說的是

世界虛幻，後句說的是自身沉迷，龍牙和尚說，「在夢那知夢是虛，覺來方覺夢中無」，你是悟還是不悟？

夢裡夢外：是莊周夢蝶，還是蝶夢莊周？

和佛教相似又相反的是道家。

當孔子和他的弟子在固執地希望夢見周公時，道家在一旁竊笑。莊子說，當你正在做夢的時候，你不知道這是夢，當你醒來看見面前世界，你焉知這不是夢中的又一個夢？「昔者，莊周夢為胡蝶，栩栩然胡蝶也，自喻適志與！不知周也。俄然覺，則蘧蘧然周也」。他的疑問是，「不知周之夢為胡蝶與，胡蝶之夢為周與？」

世界是夢境？還是夢境是世界？孔子固執地期待夢見周公，只是因為有期待而把夢境當了實境。釋迦讓人遠離顛倒夢想，只是覺得絕望所以把夢境當作虛幻。莊子覺得，最好的境界是沒有夢，最好的方式是你也別管它是夢不是夢，他說，「古之真人，其寢不夢，其覺無憂」，在〈大宗師〉和〈刻意〉裡面，他把這句話說了兩次，意思是只有無夢的人，才能夠虛無恬淡，與天地相合。

因為夢裡不知身是客，才一晌貪歡，因為不知道夢只是一枕黃粱，才不願意醒來，也因為不知道，究竟這是夢還是非夢，佛教才一味地要人遠離顛倒夢想。所以道家說，「至人無夢」，原來，最高的境界是沒有夢。

至人無夢？期待魂魄來入夢

不過畢竟沒有誰真的是「至人」。夢想存在的理由是人生有缺陷，「至人」生活在沒有缺陷的世界，所以他沒有夢而我們有夢，有夢是對有缺陷的世界的一種反抗，它反抗的是絕望而追尋的是希望。I Have a Dream，馬丁‧路德‧金恩這樣說，小虎隊也在舞台上一面跳一面唱，「風雨中，這點路算什麼，至少我們還有夢」。我們有夢，就意味著在這個缺憾太多的世界上，我們還有希望。

不曾失去希望，是因為夢想常常是理想。唐代大詩人岑參覺得，故人真是難得見面，便寫了《春夢》說，「東方昨夜春風起，故人尚隔湘江水。枕上片時春夢中，行盡江南數千里」，似乎人同此心，另一個中唐詩人戎昱也說「歸夢不知湖水闊，夜來還到洛陽城」，而武元衡則說，「春風一夜吹鄉夢，又逐春風到洛城」，就連那個很驕傲的顧況也說，「故園此去千餘里，春夢猶能夜夜歸」。如果不是夢想長了翅膀，怎麼能飛越千里回到故園？有夢想可以留下希望，而沒有夢想可能會帶來絕望。那個被安史之亂攪得寢食難安的唐明皇，突然覺得愧對馬嵬坡下的楊玉環，聽慣了劍閣鈴聲，回到長安，看到傍晚螢火映孤燈，聽到遲遲鐘鼓徹夜空，祈求在夢中再見一面，可偏偏「悠悠生死別經年，魂魄不曾來入夢」，不像《牡丹亭》中杜麗娘的遊園驚夢，卻像賈寶玉抱衾獨眠，卻夢不見林妹妹。

夢不助人，便只好長歎生死契闊，陰陽兩分。

夢想與妄想，希望與絕望

困難也許只是區分夢想與妄想。

西方思想史家F. L. Baumer在一次公開講演中，一一列舉十九世紀偉人的業績，最後鄭重其事地對聽眾說，偉人有夢想卻不是妄想。他說，把夢想執著地當理想的，常常是熱情似火的人，付出七分努力，再遇到三分機遇，便會夢想成真。但世上也有另一種狂人，他沉湎於妄想，如果不能自拔，或許會成為癲狂，或許會墜入絕望。

「大夢誰先覺，平生我自知，草堂春睡足，窗外日遲遲」。夢想與妄想，希望與絕望，只一線之隔，列位看官，自知的便是夢想，夢想暗示了希望，不自知的落入妄想，妄想的終點只是絕望。∎

本文作者為北京清華大學人文學院教授

蔡志忠說夢想

夢想要實際，不然只能叫妄想。
如果你是魚，不要學鳥想飛，
但是你可以期許自己成為游得最快的魚。

圖·文—蔡志忠

每個人都有夢想。
沒有夢想的人，就像一隻沒
有翅膀的蝴蝶。

讓美夢成真的唯一方
法，就是從夢中清醒。

用行動去將腦中的夢境
顯影！

實踐夢想的三個前提：
1. 要有「自知之明」。沒有別人比你更了解你自己。
2. 要知道「變化的時空」。
3. 把自己放在變化時空之中，知道應該把自己放在哪裡，最能夠有所發揮。

一般人遇到不如意時經常責怪外在時空，卻不明瞭其實是自己缺乏自知之明。這樣的人還不如一條蠶寶寶。你知道蠶寶寶為何會有吃不完的樹葉嗎？因為牠知道要把自己放在對的樹上。

夢想之前，要問自己：你到底要去哪裡？現代人對夢想最大的誤解是：不是從自己出發。

有一個學生對拉比（猶太教教士）說：「我要成為愛因斯坦第二！」另一個說：「我要成為馬克思第二！」還有一個說：「我要成為莎士比亞第二！」拉比說：「你們都要成為別人，那誰來當你自己？」——「你就是你。做你自己。」

完成夢想的竅門是「行動」。只有想而沒有行動，會離實際太遠；只有行動而不先想，會偏離目標。

如果確定這個夢想是對的，就把這個夢想隨時放在大腦中「顯影」，並且縮短思想和行動的時間差。

孔子在齊聞韶，三月不知肉味。曰：「不圖為樂之至於斯也。」又說：「知之者不如好之者，好之者不如樂之者。」所謂「樂之」的境界，就是喜歡到廢寢忘食，沒做會死的地步。只有「樂之」的人，才能將夢想完成到登峰造極之境。

每個人都有自己的優勢，要及早發掘自己的天賦。譬如說聊天時你最愛聽什麼主題，或者什麼事做起來特別順手、特別熱心，那可能就是你的天賦所在。很多厲害的人都是從小知道自己的天賦，然後全力去實現夢想。抓住時效，拿到聖杯。　　　　　　　　　　■

塞萬提斯的夢想原型

文—張淑英

《吉訶德先生》問世四百周年紀念專題報導 1

逐（築）一個不可能的夢想是吉訶德畢生的執著——「為了自由與尊嚴，人生值得也應該冒險。」

勒班多戰役（© Archivo Iconografico, S.A./CORBIS）

如果我們要隨意舉出某個語言或國家的代表作家或作品，中文會說出《紅樓夢》，日本會說《源氏物語》，英國會高舉莎士比亞，美國會推崇海明威，德語會請出歌德，法文可能提名雨果，義大利文緬懷但丁，俄文會尊崇托爾斯泰……等等。如果要把作家和他的代表作結合起來一起枚舉，這文學史中簡易算術得到的最大公約數應是西班牙語的塞萬提斯（1547~1616）和《吉訶德》[註] 了。

新世代或許會狐疑：「塞萬提斯」是什麼東西？或許我們應該說：《吉訶德》數百年倍增的聲名讓原作者退居幕後，而繼起生命閱讀的是不朽的作品，不是已枯槁的軀體。另一方面，是否因為塞萬提斯只有《吉訶德》這部作品，所以沒有其他選擇了？不！塞萬提斯寫詩、寫劇、長短篇小說，著作等身。他一生歷盡滄桑，參透世態炎涼。他在勒班多戰役（1571）中成為斷臂武士，又於四年後遭柏柏爾人囚禁於阿爾及爾（1575~1580）期間，四度逃離未逐，兩千大板的懲罰，他依然可以文思泉湧，寫出動人詩篇。他在生命最後十年，「諸法皆空、自由自在」，人生閱歷最豐富、書寫最成熟的階段寫出兩部苦心孤詣的結晶《吉訶德》（1605/1615）。兩部相隔十年，故事情節銜接只差一個月。第一部面世當年，有人在自家門口遭謀殺，塞萬提斯受牽累又短暫身陷囹圄；第二部出版隔年，他便與世長辭。他像繪畫界的梵谷一樣，生前不得志，晚年獻給世人最佳傑作，身後的榮耀不絕如縷。

掀開騎士神話面具

《吉訶德》的心路歷程呈現塞萬提斯「他我」的寫照。他跨越西班牙三個王朝，從鼎盛的卡洛斯一世（1516~1556）到無敵艦隊被摧毀的菲利普二世（1556~1598），止於簽訂休戰協議的菲利普三世（1598~1621）。塞氏生命的歲月是菲利普二世執政期，也是西班牙民族主義至上、但黃金世紀盛世開始走下坡的時代；是開啟理性、人文主義的文藝復興轉變為否定當下、幻想與幻滅揉織，突破典律的巴洛克時代。《吉訶德》兩部雖都在十七世紀初出版，他的底蘊是文藝復興的精神。

西班牙文藝復興已有二元論的特色：雅俗共賞、宗教人文並重、理性感性兼顧、倫理與美學並置。塞萬提斯坎坷際遇提早體驗爾後菲利普四世（1621~1665）和卡洛斯二世（1665~1700）式微的西班牙，因此，巴洛克時代的社會政治——悲觀、冷漠、失望、挫敗、懷疑論，時而被賦予解讀文學的《吉訶德》。因此，塞萬提斯並非創造一個新題材，他妙筆生花的敘事，是忠實地把那個時代人

「你們這群沒膽量的下流東西，不要跑！來跟你們廝殺的只是個單槍匹馬的騎士！」（繪圖／Gustave Doré，圖片來源／《堂吉訶德》，遠流出版）

性的矛盾與虛空呈現出來。

　　《吉訶德》也可說是打著騎士文學反騎士文學的產物。騎士文學源於十二世紀法國文學，詩人克雷蒂安・特羅亞（Chretien de Troyes）的五篇亞瑟王傳奇及衍生的騎士小說傳到西班牙，十三、十四世紀成為膾炙人口的讀本，各個不列顛英雄成為家喻戶曉的人物，猶如中文讀者閱讀金庸武俠小說熟悉江湖豪傑般的熱度。十五、十六世紀西班牙也有本土的騎士小說代表作《高盧的阿馬迪斯》。這些敘事都讓塞萬提斯寫入《吉訶德》中（第一部第一章，第二十一章等）。

　　《吉訶德》想要傳遞什麼精神？與其說塞萬提斯排斥騎士文學，無寧說他反諷騎士文學，他掀開騎士英雄神話的面具，讓他展現另一面人性的特質。人性的本質是「一體兩面」，因此，塞萬提斯刻畫吉訶德和桑丘，詮釋人性的二元。從桑丘那詼諧的口說出的話令人拍案：「冒險騎士就是一會兒挨揍、一會兒作皇帝；今天是全世界最倒楣、最窮困潦倒的人，明天手上卻有兩三個王冠可以賜給他的

LA VISIÓN DE DON QUIJOTE

Aguafuerte

Francisco de Goya, Bracquemond.

Paris (1860)

Facsímil editado por la Concejalía de Cultura, Conservación y Festejos
del Excmo. Ayuntamiento de Alcalá de Henares con motivo de las Ferias y Fiestas.
Agosto 2005 . IV Centenario de la edición de El Quijote

（西班牙旅遊局印製海報，繪圖者為 Francisco Goya，圖片提供／張雯媛）

「這騎士整天埋頭看騎士小說，秉燭達旦……最後終於失去了理智。他滿腦袋全都是書中讀到的怪事，並深信他所讀的那些荒唐故事都千真萬確。」

隨從的人。」人都有英雄的志向，也有凡人的脆弱；有遠大的理想，也有現實不容的窒礙；有眼高手低的時候，也時有小蝦米贏過大鯨魚的光彩。有善面的寬厚，也有惡面的私心；有亮的光鮮，也有暗的悲淒。因此，吉訶德和桑丘主僕體現了人性顯性和隱性的特質。塞萬提斯生前志在千里，因為挫敗，書寫所以深刻；因為失去，留下得而永恆。每個人都覺得自己被寫進去了，因而感動共鳴，也因此文學創作都在這個人性的框架內遊走；而騎士文學反因《吉訶德》更發光發亮了。

在瘋狂中洞徹俗世

　　《吉訶德》有幾個經典篇章經常被援引，也常被用來解說瘋狂／荒唐與夢想／癡想，以及理想與現實的折衝、矛盾與妥協。第一部第八章的誤將風車當巨人，正面迎戰；第十八章的誤將羊群當大軍，搏力宣戰；第三十五章大戰紅酒袋，誤將紅酒當鮮血；第二部十七章膽大包天挑釁獅子、第二十七章調解驢叫糾紛……等等。逐（築）一個不可能的夢想是吉訶德畢生的執著，那個執著是建立在「為了自由與尊嚴，人生值得也應該冒險」之上的。

　　自反而縮，雖千萬人吾往矣！這個「縮」，不僅是「直，

正確」，更需要勇氣，因此，吉訶德為一個崇高的理想而奮鬥，遠比服伺卑劣的行為高尚，一如他最後對白月騎士坦言：「杜西內婭是天下第一美人，我是世上最不幸的騎士，我不能因為自己無能而抹煞這個事實」。吉訶德一生為一位不曾謀面，從來也沒在作品中出現的女人杜西內婭癡迷，以她之名行俠仗義、濟弱扶傾——杜西內婭是吉訶德的尊嚴與自由。就作者塞萬提斯而言，也是他的尊嚴與自由。他的幽默、諷喻筆觸是正面的，即便他一生潦倒，也不抹煞西班牙這塊摯愛的土地。或許這也是西班牙人把這部作品視為國家精神象徵的緣由。

另一方面，對應那些吉訶德視而不見，以我執、感性去判斷物體表象的行徑，是一種宣洩與嘲弄。風車、羊群、獅子、酒袋、猴子、驢子……這些動（物）的世界對吉訶德而言，是另一個對應的空間。乍看彷彿是不對等的兩個主體，「物」的世界卻是亙古以來觀察人類行為最好的範例。「眾人皆醉我獨醒」，「眾人皆濁我獨清」。孰醉孰醒，孰濁孰清？端看你用什麼顏色的眼鏡去看他。在瘋狂吉訶德的行徑中我們感到真實的累／淚，在言之有物、頭頭是道的吉訶德言論中，我們洞徹俗世的虛假。桑丘的角色是鏡子外的吉訶德，我們看到妥協的必要與和諧，是一個識時務者的典型。佛洛依德《夢的解析》裡說「夢是願望的達成」一語，足能詮釋吉訶德的行為模式。

再者，我們如果仔細觀察各個時代背景對瘋狂的解讀，則可領略十六、十七世紀對待瘋狂的態度和當／現代是不同的。文藝復興人文主義思想家荷蘭籍的伊拉斯謨斯的《愚人頌》對人性的諷喻，以及闡述瘋狂之特色與必要，可以解釋彼時類同的人物行為，例如莎士比亞的《哈姆雷》，西班牙劇作家卡德隆‧巴爾卡《人生如夢》的塞希斯幕多，但是後兩者的瘋癲已經有有形的空間框架，不像吉訶德的自由狂奔。十七世紀以後，世人處理瘋癲的態度已經改變，「禁閉」被設定成瘋癲的寓所，因此瘋癲的思想行為被隔離在一般正常的範疇之外。職是之故，我們看二十世紀諸多改編自《吉訶德》的歌劇、電影，導演處理吉訶德這個角色和瘋癲元素時都收斂許多，反而放大桑丘的娛樂和丑角效果。

四百年前的魔幻文學

近幾年來奇幻文學、魔幻電影蔚為風尚，讀者觀眾趨之若鶩。我們回頭看四百年前，《吉訶德》早已耍過魔棒，見識虛幻，令人稱奇。例如第二部描述的森林騎士、鏡子騎士、白月騎士這些夢幻

吉訶德允諾為遭難的公主行俠仗義。「美貌絕倫的小姐請起身，您要我辦的事我一定照辦。」（繪圖／Gustave Doré，圖片來源／《堂吉訶德》，遠流出版）

簡化誤讀。不同國度的文化背景也會有不同詮釋。中文世界的多種解讀中，也有許多超級比一比：或有以阿Q比擬吉訶德；也有嘗試將《紅樓夢》的賈寶玉和吉訶德的瘋癲做對比研究；或是以現實理想為分水嶺，將《吉訶德》和《西遊記》，甚至與《鹿鼎記》擺在同一個平台上的對照記。《吉訶德》如此多元，每一位讀者自然可以從「讀者論」的角度切入，解讀自己心目中的《吉訶德》。

塞萬提斯和《吉訶德》在文壇屹立不搖了嗎？應該說四百年歲月洗禮，定位仍備受肯定。當今小說文類創作的優勢相對讓人回顧夙昔典型。如果戲劇、詩、散文是一種鼎盛的創作文類時，那麼此類經典也會被再現出來。《吉訶德》引領小說創作的風潮，又兼具多種題材和技巧的書寫，因此，它像廣納百川的大海，彷彿談到任何一個點都可以跟它銜接勾勒。這大概就是其千古風流獨特勝出之處。■

本文作者為台灣大學外文系教授

註：從魯迅開始，學術界翻譯《吉訶德》（*Elingenioso Hidalgo Don Quijote De La Mancha*）時不曾產生訛誤，均以「吉訶德」譯出。但是出版業者和譯者則將（或從俗）敬稱「先生」譯成「唐」或「堂」。西班牙文的「吉訶德精神」一字是quijotismo，不是donquijotismo，因此，本文譯文希望將原文精髓呈現出來。

騎士的想像與造型；以及二十三章吉訶德在蒙德西諾斯山洞（意味命運之洞）的奇遇。該章敘述長老等人被禁押在地洞裡見不著天日，多年等待，終於盼到吉訶德來訪，等他向世人公布地洞的祕密。還有二十九章上魔船、冒奇險；三十四、三十五章替杜西內婭小姐解魔咒等情節，都是典型的魔幻題材。

至於英雄俠士必有美人垂青的千古佳話，塞萬提斯也沒錯過，第二部的女人角色敘述尤其細膩，例如，第四十六章敘述吉訶德面對阿爾迪西多菈的挑逗，塞萬提斯把一個五十餘歲紳士癡漢心亂如麻的心情，寫得一點也不遜那玉樹臨風的楚留香。

《吉訶德》的改寫、改譯版汗牛充棟，時而原作多元的意旨會被

《吉訶德先生》問世四百周年紀念專題報導 2

重返
吉訶德故鄉

圖·文─張雯媛

塞萬提斯的出生故居。1547年塞萬提斯誕生於馬德里東邊小城埃納雷斯堡，他住在故居的時間不多，僅有四、五年之久，隨即跟著經濟狀況極不穩定的外科醫生父親和家人在西班牙南北各地奔波圖求溫飽。1566年全家在馬德里定居下來，塞萬提斯就讀馬德里府城學院（Estudio de la villa de Madrid），是校長羅培茲·歐由斯的愛徒。1569年他可能因罪逃抵羅馬，兩年後於希臘勒班多戰役英勇應戰失去左臂，返鄉航程又遭海盜擄獲，監禁於北非五年，經家人四處借貸才贖身返鄉。1580年他踏上西班牙土地，家境卻經濟窘困，他試圖再度從軍或擔任船長前往美洲發展，卻不得其門而入，自此開始文學生涯，書寫數齣幕間短劇和一部牧人小說。

今年西班牙的文學盛事，
首推世界上最偉大的小說《吉訶德》
（第一部）問世四百周年紀念。
為了緬懷塞萬提斯的巨作，
九年來每逢四月二十三日國際圖書節當天中午，
首都馬德里的藝術協會都會舉辦連續四十八小時的
《吉訶德》上下兩部的接龍朗誦活動，
任何人都可報名參與。第一位開場朗誦者，
通常由塞萬提斯文學獎的得主擔任。
此外，西班牙境內各種紀念活動也琳瑯滿目。
當地人以及來自各國的《吉訶德》熱愛者，
有的依循想像的吉訶德遊歷路線，
步步追隨，每逢故事可能發生處，
即慢慢回味書上每節生動的篇章和活潑的字句，
沉浸於對英雄騎士事蹟的想像之中；
也有人回溯作者塞萬提斯的身世，
探訪他的出生地埃納雷斯堡（Alcalá de Henares），
追思孕生偉人的源頭。
今年夏天，馬德里每週四晚間還設計了
塞萬提斯生前活動範圍的市區路線導覽，
導遊帶領觀光客遊走當時文人進出的大街小巷，
述說他們的生平軼事，
甚至有演員穿著十六、十七世紀的服裝，

塞萬提斯陸續於西班牙南部擔任糧油徵購員和稅收員，並數度遭誣陷入獄。《吉訶德》第一部於1604年在馬德里的阿多洽街（Calle de Atocha）和聖歐賀尼優街（Calle San Eugenio）交叉口的印刷戶胡安・圭斯達（Juan de la Cuesta）付梓，於隔年出版問世，該書人物吉訶德和桑丘從此成為家喻戶曉的人物。若行腳到這個街角，這棟建築物臨阿多洽街的右方牆上，可以仰望故事人物的浮雕，下角文字並記載著這項偉大文學盛事。

「農園街」（Calle de Huertas）是十六、十七世紀文人出沒要道，不少有特色的酒店錯落兩側，依然可以感受到當時文人切磋的氛圍，尤其一路上更可看到四百年多來重要西班牙作家喻戶曉的詩文詞句以純金嵌鑲於這條道上，沿途漫步，宛如活過一趟西班牙文學人生。《吉訶德》人人朗朗上口的開頭文句當然首居其要：「不久前，有位紳士住在拉曼查的一個村莊裡，村名我不想提了。他那類的紳士，大都在矛架上插著一根長矛，擁有一面古舊的盾牌、一匹瘦馬和一隻獵犬。」

塞萬提斯 自《吉訶德》問世後漸有名氣,但是先前贖身金額過高,終究無法享有穩固經濟的生活。馬德里西班牙廣場內,作者左手臂殘廢以長布遮掩的雕像矗立其中,面前立有書中主角吉訶德和桑丘的銅雕,主僕行影相隨各執左右位置。吉訶德未曾謀面的假想戀人,也就是如假包換的村姑杜西內婭(位於桑丘旁,左一圖)儼然可以媲美宮廷貴婦(位於吉訶德旁,左一圖),左(現實)、右(夢想)的空間對比在這廣場上一目了然。

塞萬提斯 在馬德里曾居住過的房子有三間,都在農園街附近,也就是現今所謂的「文學區」裡。在塞萬提斯街二號門牆上的浮雕下標示著:「世人敬仰的才子塞萬提斯曾居住於此,並於1616年逝世於此。」

塞萬提斯 逝世於1616年4月22日,隔日於馬德里三位一體教派修女修道院(Convento de las Trinitarias Descalzas)舉行葬儀彌撒,並長眠於該修道院內。今日民眾只能於有限的對外開放彌撒時間入院參觀,但他在院內葬身的確切角落,卻一直是個無解的謎。

以正式授封騎士的身分出了客棧的當下，正是吉訶德開始執行夢想的重要時刻。

「吉訶德客棧」入口處左側瓷磚上，引用了第一部第四章的內文，描寫主人翁的心情：「吉訶德走出客棧時，已是黎明時分。他想到自己已被封為騎士，心裡有說不出的滿意、得意與快意，險些把坐騎的肚帶給撐斷了。」

探訪吉訶德的心中美人杜西內婭所住的小村莊托波索（El Toboso），讓我們對騎士執著至愛的精神有無限的遐想空間。該村莊位於西班牙中部拉曼查（La Mancha）地區，廣場上的雕塑是吉訶德下跪向杜西內婭致敬的假想情景。

該村一座十六世紀的舊房舍，重新仿造當時的房舍風格，整建成為博物館「杜西內婭的家」，是吉訶德遊歷路線不可或缺的參觀地點。據說就是某座舊房舍的女主人給予了塞萬提斯靈感，因而創造杜西內婭這個角色。

過去在拉曼查地區內少不了這樣的客棧，騎士在此類客棧休息過夜，也給他的瘦馬補充草糧，一如現今旅途中的餐廳兼附旅館。目前在波多拉比瑟（Puerto Lapice）這個小鎮上，有一餐廳即命名為「吉訶德客棧」（Venta del Quijote），庭院內的實景令人想起故事主人翁的授封典禮。吉訶德將現實中收費的客棧幻想成理應禮遇招待英勇騎士的高尚城堡。

在西班牙，雖說一般人民都以吉訶德這號人物爲國家之榮，但是有當地人指出，大部分的西班牙人並不是吉訶德，而是桑丘。也就是說，典型的西班牙人並非忠守理想，而比較自我、自私、粗俗、實際。有些人認爲在西班牙國度裡，像桑丘的人比吉訶德類型的人多好幾倍，而僅有的幾個吉訶德甚且是犧牲受難者。

《吉訶德》這部作品中最引人遐思的是，從一位瘋狂的喜感人物口中，可聽到最美麗的詞藻，並於其身上看到最高貴的勇敢事蹟，他甚至將愛人是世上至美一事看得比自己的生命還重要。這種瘋狂與理想的對比產生極大的震撼。如果吉訶德腦袋清楚，或許我們會以常人標準來判斷他，但是就因爲他的瘋狂，我們的重心就更放在他對理想的執著上。瘋狂與高貴的對照也讓我們看到常人判斷標準的相對性，以及塞萬提斯看世界背後諸事所投射的溫柔卹世又懷疑的眼光。

有一位西班牙人誠心表示，不管今年的慶祝活動多喧囂熱鬧，最虔誠的紀念方式莫過於靜下心來好好閱讀一次《吉訶德》。我們還等待什麼呢？

本文作者爲高雄醫學大學醫學系西班牙文講師

吉訶德開始和桑丘一起出征，故事裡第一個行俠機會就是遇到大家耳熟能詳的風車。拉曼洽地區的某些地形因風勢強烈而設風車取其風力磨糧，在小鎮坎波克利達那（Campo de Criptana）還留有古老的風車群。吉訶德心裡急著行俠仗義，硬是把風車群看成耀武揚威的一群巨人，不管務實的桑丘如何苦勸，騎士將長矛刺進轉動的風車翼裡，連人帶馬被吊到空中，長矛折成數截，而他也滾落地上身受重傷。然而吉訶德並不因此氣餒，傷未痊癒，依然繼續他的夢想征途。

從Hobo到Rainbow
移動在尋夢的黃磚路上

文一洗懿穎

桃樂絲在回家的黃磚路上不再感到寂寞，因為有三個跟自己一樣尋覓夢想的同志一起上路。

桃樂絲的紅寶石鞋子被偷走了！根據《*The Ruby Slippers of Oz*》的作者Rhys Thomas的說法，世界上共有七對紅寶石鞋子（在米高梅電影〔1939〕裡曾經被使用過的共四對），而在今年（2005年）八月被偷走的是其中一對，那是美國大湍流市茱蒂嘉蘭博物館的展品。在當年伊士曼彩色電影剛發明的年代，茱蒂嘉蘭腳上那對紅寶石鞋子看上去格外濃艷，我亦曾經渴望擁有一雙走起路來一閃一閃的紅色鞋子，說不定這也是那個偷鞋賊小時候的夢想。不過在法蘭克・包姆（Lyman Frank Baum）的《綠野仙蹤》（*The Wonderful Wizard of Oz*）原著裡，那雙引領桃樂絲回家的紅寶石鞋子其實沒有出現過，因為書裡那對原是銀色的。

《綠野仙蹤》是一個關於尋找和實現夢想的故事，桃樂絲想要回到堪薩斯嬸嬸的家、稻草人夢想要個好腦袋、鐵樵夫想要顆真心、獅子想要勇氣。桃樂絲走在一條北方女巫保證她絕不會迷路的黃磚路上，還賜了她一個代表祝福、不會受到任何傷害的吻印，於是她就這樣踏上尋找翡翠城的旅途。當我們閱讀這個故事時會發現（小讀者也許未必），原來可以把桃樂絲帶回家的法寶，即是那雙法力無邊的銀鞋子，她在出發尋找烏茲大巫師之前便一直穿著；面對困難時想出最多解決方法的就是夢想要一個腦袋的稻草人；最感性最常流淚的就是夢想要一顆心的鐵樵夫……其實夢想一直都在，只是我們必須付出努力去尋找，夢想終可實現，並從中發現自己的潛能。

常常會聽到別人說「我沒有忘記年輕時候的夢（理）想」，就彷

廣告回信
臺灣北區郵政管理局登記證
北台字第15343號

姓名：
地址：

縣　市

市　鄉／鎮
區

街　路

段

巷　弄

號

樓

（請寫郵遞區號）

1 0 5

台北市南京東路四段25號10樓之1

網路與書股份有限公司台灣分公司　收

某地的遠方，所以一直都在推動我們跟著走。」

「在這之前，這小女孩一直好難過，她就這麼突然的給旋風颳到這個奇怪的地方，遠離了自己的親人和家鄉……她走著走著，一路上驚喜的觀賞著這個美麗的地方。」(《綠野仙蹤》)。桃樂絲在回家的黃磚路上不再感到寂寞，除了因為這裡有老家不會看到的綺麗風光外，還有三個跟自己一樣尋覓夢想的同志一起上路。電影《綠野仙蹤》令人難忘的，還有茱蒂嘉蘭站在灰濛濛的堪薩斯平原唱著那首歌：

Somewhere
over the rainbow,
Skies are blue,
And the dreams that you
dare to dream,
Really do come true.

我的夢想就是，那雙失去了的紅寶石鞋子就出現在over the rainbow的不遠處。■

10處文學旅行夢想之境

圖・文—李俊明

從閱讀的想像中，我不斷幻想著前往那些故事與風景交織之境。

十年的時間，不斷在工作與旅行之間游移的衝動使我成為挑剔的旅人。各種以博物館、建築、設計、自然生態為主題的遷徙，在腦中跳躍，使人了解到不安於室的蠢蠢欲動，畢竟無可抵抗。可是有一種旅行，我懷想已久，卻規模龐鉅耗資過甚，至今難以完成。有那麼一天，我想要追隨書寫者的筆尖，探尋他們創作的原鄉，循著生花妙筆下的城市與荒野，爬梳紋理豐富的文本，在想像與實際中擺盪游離……

■ **愛爾蘭都柏林──喬伊斯（James Joyce）《尤里西斯》**

喬伊斯的意識，像流水潺潺那樣不可捉摸；讀得到、聽得見，手一捏緊，卻什麼也捉不著。那座絮絮不休的灰色城市，是這位都柏林人的故鄉；我想要再重回《尤里西斯》場景中的1904年6月16日布魯姆日（Bloomsday），溫習那永遠的一天。

■ **愛爾蘭艾蘭島──森恩（J.M. Synge）《艾蘭島》**

孤懸在大西洋上的艾蘭群島，處身西歐最邊陲地帶；在波濤洶湧的海洋隔絕之中，它保留了愛爾蘭消逝中的居爾特語言及文化傳統。我嚮往森恩筆下的田園寫意，像是純樸之美消逝前的靈光乍現。

■ **葡萄牙里斯本──薩拉馬戈（Jose Saramago）《里斯本圍城記》**

里斯本的獨特，在於它徘徊不去的老靈魂。黑夜中在幽暗小巷踽踽獨行的電車，在寂靜丘陵之間穿梭蛇行的滑石小徑，都帶著一種傳承自過往海洋城市的古老與憂鬱。

❶ 瑞士提契諾的湖光山色，豐富了赫曼赫塞敏感的文學心靈。
❷ 在都柏林的街頭，至今還留著喬伊斯駐足的痕跡。
❸ 艾蘭島的石砌小屋，顯露出歲月刻劃下的滄桑之美。
❹ 里斯本的廣場，迴盪著海洋強權時代的悠悠過往。

■ **法國巴黎──艾德蒙‧懷特（Edmund White）《巴黎晃遊者》**

很少人能像懷特，把巴黎的私密與情慾說得那樣神采飛揚，從《已婚男人》到《巴黎晃遊者》，讓人跟著他的文字心驚興奮。難道每個世紀都有自己的亨利‧詹姆士，要帶我們以外來者的純真眼光，擅闖歐陸的迷離與世故，就像懷特一樣？

⑤

⑥

■ 瑞士盧加諾──赫曼‧赫塞（Hermann Hesse）《堤契諾之歌》

總是為豐沛情感所困的赫塞，在瑞士南部義語區的盧加諾，找到了他心靈的依歸。山谷間明燦的陽光，湖畔歲月溫暖的人情，讓這位理當莊重自持的德國人，在《堤契諾之歌》系列作品中幾乎要把情感漫溢到書沿邊際。

■ 英國布萊頓──格雷安‧葛林（Graham Greene）《愛情的盡頭》

倫敦南郊海濱小鎮布萊頓，吹拂著那種讓人心思浮動的狂風，順著海浪一波波翻湧而來。看著那種遊樂小城特有的虛無歡樂氣氛，心裡滿是葛林營造的人性衝突，難怪他要把愛情的糾葛，設處在這樣看似毫不相干的場景。

■ 丹麥哥本哈根──丹尼森（Isak Dinesen）《不朽的傳說》

寒涼北國海岸邊，失去一生所愛的女人，端坐桌前回憶空盪又豐盈的一生。悲喜交加之間，她提筆寫下膾炙人口的《遠離非洲》、《芭比的盛宴》，為人們留下不朽的傳說。走進丹尼森昔日的故居，風吹來波羅的海的味道，也帶來遠方撩人思緒的記憶。

■ 美國舊金山──凱魯亞克（Jack Kerouac）《在路上》

很多人可能都曾幻想過拋下一切，開上遼闊的西部公路四處晃蕩。在書頁當中溫習著克魯亞克那些《在路上》的浪蕩不羈，也在如今只是空留遺痕的舊金山城市之光書店中，摸索著「垮掉的一代」曾經狂放的青春，那些我從沒能經過的歲月。

■ 加拿大育空──傑克‧倫敦（Jack London）《野性的呼喚》

沒有人能真正告訴我們，史詩般的美洲西部開拓是如何波瀾壯闊，只有傑克‧倫敦的故事，將我們帶回那個暮野四合的冰雪曠野。當我們望著育空領地星空中流轉幻化的北地極光，重新回到傑克‧倫敦的筆下，所有的風起雲湧似乎都將再次復活。

■ 南非開普敦——柯慈（J. M. Coetzee）《雙面少年》

　　諾貝爾文學獎得主柯慈筆下盡是苦難與折磨，一齣齣人生悲喜劇、自我的質疑與渾惑，都在那座有著天然美景的城市——開普敦交替上演。於是我不禁一遍又一遍地幻想，順著柯慈的筆下，走過那個種族依然對立、疑惑仍然存在，卻因為人性而依然保有一絲光芒的城市。

本文作者為文字工作者

夢的兩種國度

《大亨小傳》與《月光之東》

文——喀拉嗤

如果《大亨小傳》的美國夢是陽剛性的，不妨把《月光之東》當成陰性柔音的追夢曲調。

懷抱一個夢想並不困難，困難的是如何縮短和夢想之間的距離，如何排解夢想破滅的失落，許許多多的故事也正是從這裡展開的。

夢想似近實遠

在安哲羅普洛斯的電影《霧中風景》裡，一心想到德國尋找父親而踏上旅程的小女孩，對著車窗向也許並不存在的父親低語：「夢好像一伸手就可以搆著了。」就像《大亨小傳》裡偉大的蓋次璧，他最大的夢想就是找回失去的那段時光，重拾已嫁為他人婦的舊日女友的情愛。隔著海岸看過去，舊情人家碼頭邊上懸掛的那盞綠燈，似乎確定不移的告訴他，幸福的確一蹴可幾，只要一伸手就可以掌握。於是出身不高、歷經艱難來到這裡的蓋次璧，打造著車水馬龍豪華盛宴的排場，只希望能夠和女友有著足堪匹配的重逢，他相信這樣他所遺落的幸福都可以失而復得。

可惜，所謂的夢想畢竟不是一條直線，它更類似那些永遠追尋不了的星辰，或者是施篤姆《茵夢湖》裡時隱時現，宛在水中央而又永遠無法觸及的白蓮。《大亨小傳》的結語，幾乎是關於追夢人最深刻同情的一段描述：「蓋次璧一生的信念就是寄託在這盞綠燈上。對於他這是代表未來的極樂仙境──雖然這個目標一年一年在我們眼前往後退。我們從前追求時曾經撲空，不過沒關係──明天我們會跑得更快一點，兩手伸得更遠一點……總有一天──」

美國夢的破滅

《大亨小傳》裡的綠燈，曾經被形容為「美國夢」的象徵。在小說末尾，故事的敘述者再次來到蓋次璧別墅的海邊，那些別墅的燈火都已熄滅，他眼裡出現的是一個古老的島岸，他想像當年荷蘭水手眺望到一塊新鮮碧綠的新大陸土地時，一定不由自主地暗自嘆賞，就像蓋次璧第一次認出對岸黛西那盞綠燈的時候，同樣驚奇。如果說「美國夢」意味著來到這個黃金國度，各式各樣的人生都可以被改寫，成為想像中的形狀，那麼蓋次璧夢想的破滅，其實也是一個典型美國夢的破滅。

蓋次璧的幻滅不僅是無法重溫愛情的舊夢，而且在於他終究無法成為他幻想中的那個人。原名傑姆士·蓋茲的蓋次璧，父母是窮困潦倒的種田人家，在他的幻想中從不真正認為他們是親生父母，他把自己想像成另一個「天之驕子」。在他十七歲遇到柯迪先生後，這個天之驕子幻想的輪廓逐漸成形，他改換了名字，走進幻想中的世界，而後來在長島西卵以富豪形象出現的蓋次璧，完全是他自我塑造出來的人物，只是這個被扮演出來的人物隨著不可靠的愛情一起露出破綻，也隨之被擊碎無遺了。

可是讓蓋次璧與眾不同的，正是在實踐夢想時那樣純粹、簡單而又樂觀的執念。真實地相信「我們會跑得更快一點，兩手伸得更遠一點」，即使夢想被粉碎了，甚至失敗的身影被之前的夢想嘲笑，這樣單純的信念仍是無比動人的。

到月光之東來找我

宮本輝的《月光之東》是另一個追尋虛構國度的夢想故事。不過它不像《大亨小傳》那樣在渴求與失落中立體分

即使夢想被粉碎了，甚至失敗的身影被之前的夢想嘲笑，這樣單純的信念仍是無比動人的。

明，它更像在補綴夢想的碎片，在拼湊真相的過程中，一步一步尋求理解和寬容。如果《大亨小傳》的美國夢是陽性的，不妨把《月光之東》當成陰性嗓音的追夢曲調。

在許多的敘述裡，光都成為夢想的載體。就像《大亨小傳》裡的綠燈，《霧中風景》裡的「開始是一片混沌，然後有了光……」而在《月光之東》中，「月光之東」正是女主角塔屋米花在心裡空想建構的一個國度。和蓋次璧一樣，塔屋米花有一個亟欲擺脫的家世，以及一個憧憬的世界，她對許多交往過的男人都留下這麼一個線索：「到月光之東來找我」。

為了繼續求學，她成為一個畫廊商人的情婦，也終於如願以償的超越了自己的出身，在藝術收藏界有了一席之地。但是她所召喚的那些情人們，因為不同的原因，沒有人可以跟隨她到所謂月光之東的彼岸。這部小說就是從塔屋米花中學時的男伴，以及為她自殺而死的情人的妻子這兩個角色，慢慢還原出塔屋米花這個人的蹤影，以及到底什麼是「月光之東」？

「月光之東」似乎顯示了一個永恆美好的世界，這個世界的雛形是她小時候和親生父親共度一個晚上時所看到的大圓月。圓月的意象為她帶來各種不同的意義，但是重點在於「來找我」，就跟《大亨小傳》裡的綠燈一樣，夢想之所以漂浮，是因為你期待著另一個人共同完成這個夢想，而另一個人是不可信賴的，塔屋米花所想像的世界，也不是一個人就可以單獨存在的，而這就成為她夢想失落的根源。

從失落之夢尋求力量

不過不同於《大亨小傳》的是，當蓋次璧的故事終結之後，夢想令人消沉：「蓋次璧本人並沒有讓我灰心：使我對人間虛無的悲歡暫時喪失興趣的乃是縈繞在蓋次璧心頭的美夢，以及在他幻夢消失後跟蹤而來的那陣醜聹的灰塵。」可是《月光之東》裡失落的夢想卻是一個如同虛線般的救贖之路，為了尋找事實的真相，他們慢慢逼近塔屋米花這個人的生活；同時也在解答「月光之東」謎底的過程中，他們的疑惑傷痛都隨著更多事實的揭露逐漸痊癒。或者是說，每個人站在虛線的一個點上，可以照看到別人的夢想以及他們所失落的，而從這種看裡湧現的理解與同情，使他們自己的傷口逐漸縫合，甚至產生一種力量，去追尋自己未來的人生夢想。雖然沒有人到過塔屋米花的月光之東，但這並不妨礙每個人在心裡尋求自己的月光之東。

其實每一個故事幾乎都是夢想的故事，夢想並不會單獨存在，而是看人對夢想作了些什麼，以及如何面對被夢想打敗這一件事情。夢想可以開創一個世界，也可以是一條不歸的路程，但是只有人在趨近夢想的時候，才能像喚醒沉睡在大理石裡的靈魂那樣，呈現出自己獨特的樣子。蓋次璧對著綠燈伸手央告的姿勢是如此，塔屋米花令人無法形容卻是難忘的背影也是如此，這些都是被夢想鑄刻，而又與夢想對峙的容顏。∎

本文作者為文字工作者

永續

掌握世界的變動節奏，拉近人文和經濟的落差，

以利他的理念，落實企業的經營和社會的責任。

保育

永豐餘 http://www.yfy.com

奈米、生物科技透過e化的平台，不斷地在造紙、印刷、顯示等產業
創新服務，共創優質生活的未來。

【特別企畫】

7到70歲
夢想大調查

如果你遇見了神燈巨人，
他可以立刻實現你一個夢想……
你的夢想是什麼？

Net and Books 編輯部

鍾適筠
（國小一年級）

我想要有一台鋼琴，這樣我就可以彈莫札特的《魔笛》、柴可夫斯基的《胡桃鉗》、馬勒的《巨人》，然後變成很棒的鋼琴家。

陳德誼（國小二年級）8

當「畫畫家」，因為我喜歡畫畫，大家都說我畫得好。

阿凱（國小三年級）9

我希望可以玩遍全世界的迪士尼樂園，東京那個我已經去過了，所以現在最希望去香港迪士尼。

神奇寶貝、萬事通（國小四年級）10

我的願望是可以控制一切，什麼東西都歸我的。例如，可以控制時間，讓時間暫停，這樣就可以玩電腦、玩多久媽媽都不會知道，然後，在被罵的時候，也可以暫停。然後、還可以控制人，像是欺負我的女生，還有可以叫老闆給我《神奇寶貝綠石版祕笈》。

小豬（國小五年級）11

我想擁有一間圖書館，因為我很喜歡看書。我的圖書館會有接待室、睡房，有一般家裡的設備和很舒服的家具，最好還有源源不斷的食物和飲料供應。這個圖書館是開放給大家的，因為有那麼多的書一個人是看不完的，如果可以借給別人看就不會把書浪費了。

阿鼎（國中一年級）12

可以不受父母的管教，一直玩，生活不要有壓力。平時父母都不讓我吃不健康的食物，但是不健康的食物通常都是很好吃的，如果他們不管的話我就可以一直吃了。

魅影愛好者（國中一年級）13

變得很有錢，到時候我會在一個很漂亮的國家，買一個很好、很豪華、愈大愈好的房子，裡面會有花園和游泳池。

狼（國中三年級）14

當紅歌手，像Rain那樣紅，希望有歌迷的大力支持，無論出席什麼活動都會來支持我。如果要開演唱會的話，我希望邀請琳賽羅涵和布蘭妮兩位辣妹當嘉賓。

推動夢想的14雙手
當你的夢想需要別人推一把，請不要客氣。

文—編輯部

以下這些機構，能助你或你周圍的朋友圓夢。它同時亦接受各界贊助，以幫助更多的人。

●如果你希望締造一個公平自由的世界
福特基金會（Ford Foundation）
www.fordfound.org/about/guideline.cfm
如果你和同志們心裡有一團火，一團希望減少世界不公義的火，這個基金會也許能助你們達成夢想。福特基金會是由福特汽車創辦人亨利‧福特和他兒子埃德塞爾‧福特所設立。基金會的資助對象為一些能夠推動民主和平、減少社會上的貧窮和不公義、推廣國際間的合作⋯⋯等團體，目標就是要為世人在社會、財富、環境資產各方面締造更多機會、讓人們更能掌握自己的生命。
亞洲今年（2005）獲得支助的團體包括了泰國一個協助南亞和東南亞女性爭取人權的組織Asia Pacific Forum on Women, Law and Development。有意申請支助的團體（個人申請也會被考慮，但只限研究計畫），必須先以書面提供計畫內容，如目的、欲解決的問題、團體背景資料、財務預算、資助期限、參與者的資格等。基金會若認為適合則會請申請者提供一個正式詳細的提案。

陳庭安（國中三年級）

小女生（高中二年級）

小姐（高中二年級）

廖崇捷（大學二年級）

歐俞宏（學生）

陳煒穆（學生）

不再（大學三年級）

15 16 17 18 19 20 21

不再：精通各國語言（尤其日語）、擴大傳播知識，成為一個專業的廣告人。

陳煒穆：希望開很多間高級連鎖餐廳，因為我想要錢，又喜歡吃。開店地點希望在高雄，因為女朋友住在高雄，這樣就可以跟她一起經營了。

歐俞宏：想跟所有的好朋友和家人生活在島上，自給自足，不用擔心錢也沒有煩惱，可以過得很開心。

廖崇捷：我是念戲劇的，我的夢想就是從事劇本創作，希望自己會有更多創新的意念，然後作品可以被大家所看到，這條路能夠走得比較順利一點吧。

小姐：電台DJ，晚上我都不太喜歡睡覺，那時候就會想跟朋友聊天，而且我很喜歡音樂，如果當電台DJ就可以播自己喜歡的音樂。

小女生：希望可以考上大學念外語系。我很喜歡香港這個地方，所以希望可以學會廣東話。

陳庭安：我希望可以不需要任何努力就考上理想的高中，最好是北一女，因為可以穿上綠色制服，大家會覺得你很厲害，就是一種自我肯定。

●如果你有文化理想

財團法人國家文化基金會

www.ncafroc.org.tw/AboutUs/aboutus.asp?ID=0&NAME=About

文化人最能天馬行空，燃燒創意，但始終都有一個現實的社會環境要面對。本基金會成立於1996年，由政府及民間集資，依據特性，分別針對個人及團體提供常態補助或專案補助，使藝術文化之夢遍地開花，並且能夠持續。

歷年來，接受協助的個人及單位不計其數，種類多樣，包括出版、展覽、調查研究、創作、兩岸及國際交流等等，涵蓋民俗、文學、戲劇、音樂、舞蹈、視聽媒體等各個面向。

●如果你熱愛探險

山河探險協會

www.zheng-he.org

一趟長途探險，除了豪情、體力與毅力外，還需要充分的資源及裝備作後盾。本協會提供了必要的募款能力、經驗與專業知識，讓承載國人期待的探險者，能順利的完成壯舉。除了有既定的行程，廣召天下能人參與之外，協會亦歡迎胸懷世界級探險計畫的朋友，主動提案。1999到2002年的「尋找成吉思汗」之行，已經完成，是為首部曲。貳部曲「鄭和八下西洋」的壯遊計畫，於2003年發起，2005年年底即將出航。此外，協會亦協助李美涼參加國際女子聯合攀登珠穆朗瑪峰的活動。

饒（大學四年級）

鴨（研究所二年級）

小胖（圖書發行）

鍾宜雯（專案執行）

劉亦芃（行政助理）

PIN（客戶關係管理）

615（平面設計）

22 23 24 25 26 27 28

饒：變成一個有國際sense的英國人，因為我很喜歡倫敦，尤其是英國皇室那種優雅的調調。

鴨：跟一個很好的玩伴到世界各地去遊玩。希望自己能擁有自由、率性的個性，能夠突破金錢、語言、時間、家庭的限制，

小胖：我很喜歡小朋友，所以夢想就是擁有幾台改裝過的摩托車，車上貼滿小朋友很喜歡的卡通人物圖案，然後開到一些熱鬧的地方，像中正紀念堂和國父紀念館去賣棉花糖，而且售價要很便宜，凡是買棉花糖的小朋友我都會送他們很漂亮的貼紙。

鍾宜雯：想去外太空。一直都覺得外太空很奧妙，覺得那裡應該會有其他的生命存在，所以很想到外太空探險，應該會比去地球任何地方更刺激。

劉亦芃：媽媽近來身體都不太好，所以我的夢想是全家人身體健康。健康很重要，有了健康任何事情都可以做，什麼問題都很容易解決，但擁有健康並不是理所當然的。

PIN：像百科全書那樣，成為無所不答、一個「Knowledgeholic」的人，如果能夠知曉世界和宇宙所有知識，就可以幫助別人解決問題和不解之謎。而且我覺得一個人如果很廣泛地涉獵知識，就會變得很有創意，因為創意是來自各種知識的匯集。

615：做自己喜歡做的事，最好工作就是興趣。其實這個夢想已經在進行當中，就是自創品牌，希望自己的設計能受到歡迎和認同。

●如果你喜歡探索自然萬物
國家地理雜誌探險協會
（The National Geographic Expeditions Council）
www.nationalgeographic.com/council/index.html
如果可以不用再隔著一個電視螢幕，像珍‧古德那樣跟岡貝的黑猩猩有著眼神的交流，那有多好啊！國家地理雜誌探險協會贊助擁有一顆渴望探險的心、探索世界的人。這個基金支持的範圍很廣，包括探險、文化研究、攀山、自然保育、海洋研究、考古發掘等等。申請者或團體獲取錄的條件，主要是視乎他們在實行計畫的領域上有沒有相當的資格（學歷不是必須）和經驗，以及他們提出的計畫的獨特性。申請者的計畫目的地若不是他自己的國家，那合作成員中必須包括至少一位當地人。

獲得贊助金（一般是美金$5,000- $35,000）的申請者，在計畫完成後必須跟全球的觀眾和讀者分享他們的成果，協會並要求在完成後兩個月內先遞交一份摘要報告。如果想獲得快一點的回應，申請書最好是用英文書寫。協會並沒有設定申請時限，但是準申請書（Pre-application）必須要在計畫預計實行日期前六個月遞交。

小惠惠（國貿人員）
上太空，最想去月球觀光，看看那裡是否真的有嫦娥和兔子。然後把印有自己樣子的旗子插在月球上，上面寫著「到此一遊」。

王淑芳（行銷）
環遊世界，在每個地方住上一段時間，而且在彈指之間就會說當地的語言，這樣就可以認識各式各樣的人，深入了解當地文化。

麻糬（服務業）
希望政治人物的舌頭變成手和腳，能少說話多做有意義的事情，或推行一些有意義的政治改革，那麼電視新聞跟議會便不會整天吵吵鬧鬧的。

尹小蘭（專任芭蕾舞教師）
在我現在這個階段來說，就是嫁一個好老公，組織幸福的家庭，可以跟老公過美好的二人世界，不需要有小孩。因為我覺得女生工作方面做得再好，如果沒有一個好的伴侶，年紀大了就會很寂寞。

葉聖之（數位行銷）
變得更聰明，可以想到更多的方法去實現更多的夢想。比如過更好的生活，或有多一點資金，那自己可以支配的事情會更多。

繆沛倫（企畫）
中大樂透，二千萬以上的。我會先把所有貸款還掉，把工作辭掉去旅行，然後把剩下的錢慢慢花掉。

丁丁（家庭主婦）
希望有一台不多話、有禮貌、任勞任怨、不占空間、價錢合理的機器人幫我處理家事、瑣事，那我就會有更多時間去做自己想做的事情和陪伴家人。

●如果你想改善社區家園
信義房屋——社區一家贊助計畫
www.sinyi.com.tw/community/index.htm
社區生活的冷漠與社區環境的惡化，讓人與家都失去了最親近的依靠。但是你可以發揮熱情及想像，設法改善它，「因為你關心，生活更開心」。本計畫以五年為期，每年提撥經費，鼓勵居民參與，希望藉由社區活動與環境改造的過程，連結土地與人心，凝聚感情與社區意識。
目前，已有屏東縣石門社區的牡丹溪保育計畫、台中市敦化社區的公園催生計畫、崔媽媽基金會的公寓大廈曬書日計畫等57個提案獲得支持，從自然到人文，種類多元。

●如果你想要一邊做愛一邊保護雨林
「為森林做愛」（Fuck for Forest）
www.fuckforforest.com
「如果你熱愛性也熱愛自然，加入我們吧！」在挪威，激進綠色分子——21歲的喬納森（Leona Johansson）和28歲的艾林森（Tommy Hol Ellingsen）架設了一個付費色情網站，會員月費15美元，開站不到一年就已募到超過5萬美元來拯救雨林。這個極具「行動力」的非營利組織雖然頗遭其他主流環保團體側目，不過其中某些組織還是很願意私下接受他們的捐款。FFF正在強力徵求志同道合的朋友加入，超過18歲、身體強健、願意像動物一樣毫不害羞地進行性愛者都可以報名，女孩、情侶和Gays尤其歡迎。

趙元韻（保險業） 42

蓋一個很大的約一畝地的房子，裡面會有各種遊樂設備，然後邀請我人生中認識的所有朋友、他們的小孩來到這裡相聚。因為我覺得朋友在我人生的過程中很重要，非常希望能夠跟他們在這個大房子裡一起玩樂，緬懷過去美好的時光，也談談彼此的將來。

李光欣（文字工作者） 41

因為我很喜歡玩模型槍，我的夢想就是有一間收藏槍的房間，以及一個私人的練靶場。如果有機會的話，還想試試在空無一人的曠野裡瘋狂掃射。

老謝（咖啡店老闆） 40

兩年內在世界各地開一百家分店。

小助理（貿易界） 39

成為一個內在美與外在美兼具的女性，因為有智慧的話，就能夠成為一個有財力、地位、可以呼風喚雨的女強人；有外在美的話，就能夠以個人魅力吸引大家的目光。

James（金融業） 38

以一個有熱情和童真的心活到一百二十歲。工作已經十四年了，該有的經驗已經累積得差不多，人生觀和價值觀都很成熟了。因此，我覺得自己可以很快樂的活下去，如果可以活久一點的話，就可以服務和幫助更多的人。

伍錦濤（藝術工作者） 37

希望跟我的劇場（流浪舞蹈劇場）到全世界作巡迴表演。最想去的地方是雅典，因為那裡是表演藝術的發源地。

陳媛琦（廣告業） 36

希望有一筆錢能把房子翻新。我的房子已經三十多年了，雖然不是什麼豪華別墅，但環境不錯有庭園，如果可以改善居住環境，這樣就能在那裡再住上個一、二十年。

●如果你想流浪
雲門舞集文教基金會——流浪者計畫
www.cloudgate.org.tw

「我要到遠方去，雙手插入漏底的口袋。外衣也磨損襤褸了。我踽踽青空下，繆思，我效忠您……」韓波這首〈我的流浪〉，道出了本計畫的精神。提案通過的藝術工作者（分啟蒙組與專業組），基金會將協助其進行海外的「自助式貧窮旅行」，以擴大視野，從而堅定藝術創作之路。學建築的柳震東，想要體驗湄公河文明，去寮國、柬埔寨、越南；喜歡文學的謝旺霖，用四十多天，完成了滇藏的單車之旅；樂手吳欣澤想聽聽不同的聲音，最後也來到印度學習西塔琴。因為流浪，他們的世界也打開了。

●如果你是藝術愛好者希望出國深造
亞洲文化協會（Asian Cultural Council）
www.asianculturalcouncil.org

如果你熱愛藝術，渴望能到別的地方擴闊視野，感受一下文化衝擊、從不同的土壤裡吸收養分，這個也許是你的好機會。亞洲文化協會是約翰·洛克菲勒三世於1963年所創立。主要成立目的是推廣亞洲和美國之間的表演和視覺藝術交流，向個別的藝術工作者、學者、學生提供到美國學習、研究、考察和從事創意工作的獎助金，已贊助了將近四千位美洲以及亞洲的藝術家。協會的獎助對象主要是東南亞和東亞，包括台灣、越南、新加坡、菲律賓、日本等地。資助的範圍涵蓋建築、考古、藝術歷史和舞蹈、

淑媛（門市店長）　**Ken Lia...**（生活諮商師）　**程雲生**（電視台業務經理）　**Aristo**（任職於公關公司）　**大肚子**（業務）　**陳太太**（裱框店店長）　**王璽**（製版業）

43 44 45 46 47 48 49

王璽（製版業）：變回年輕的時候，這樣就可以做一些以前不敢做的事，或者以前做過一些後悔的事情，可以有機會去改變它的結果。

陳太太（裱框店店長）：現在我這個年紀的，上有父母下有兒女，夢想就是希望家人都過得平安健康，工作順利，無論在工作上或家庭方面都不會有什麼壓力，這樣的生活就很幸福了。

大肚子（業務）：有一個像小叮噹什麼都可以變出來的法寶袋。我很喜歡小孩子，因為男生不能生小孩嘛，有了法寶袋我就可以生小孩了。

Aristo（任職於公關公司）：年輕的時候沒有到過外國留學，如果有機會我想到美國念書，念哲學或人文系，然後增加多一點生活體驗，認識來自不同階層和背景的朋友。

程雲生（電視台業務經理）：年輕的時候就希望賺錢，現在的話就是身體健康，工作生活愉快，可以陪著孩子一起長大就好了。

Ken Lia...（生活諮商師）：對我來講，夢想應該是可以實現的，至於實現的時間則視乎個人的努力、專業和興趣。我的夢想就是透過出版具參考價值的書籍和演講，成為消費者在生活和愛情上的導師，擴大人們在這兩方面的視野。

淑媛（門市店長）：環遊世界，因為我很喜歡四處玩樂和接近大自然。沒有想過一定要去哪裡，不過我比較喜歡沒有太多人、不會太現代化的地方，最好是有很獨特個性的地方。

電影、博物館學、音樂、油畫、攝影、雕刻等等。獎助金包括國際來回機票、在美旅費、生活費、醫療保險和其他雜費。資助期由一個月至十二個月不等。本地藝術家如林懷民、楊牧、傅申、劉國松，都曾經是協會獎助的藝術家。

●如果你患有重症但有個小心願

喜願協會　www.mawtpe.org.tw/qa.html

有些小孩，一生下來身體就有大問題，直接威脅到在人世的時間。看似簡單的心願，卻有著常人難以體會的艱辛。喜願協會是一個平台，凡是通過申請的3-18歲重症孩童，都會針對其願望，尋求適合的贊助者。希望藉由心願的完成，為孩子及家人帶來力量，共同對抗病魔，延續生命。

小湘（8歲），腦幹腫瘤，想去日本迪斯尼；阿源（5歲），急性淋巴性白血病，想坐各式各樣的休旅車；阿凱（9歲），重度海洋性貧血症，想要當兵；小姿（17歲），脊髓型肌肉萎縮，只是想放風箏……他們的心願都因別人的協助而完成了。

50 51 52 53 54 55 56

Diana（經理）
希望工作就是自己的興趣，開一家飾品店賣自己做的飾品。

九十（駐北京業務代表）
我的夢想可以分三個方面：第一，不敢想。年輕的時候想得太多了，年紀慢慢大的時候就不敢隨便亂想，怕會做不到。第二，比較踏實的一步一腳印。第三，萬一還能夠再想，就希望落實一些好的、能賺錢的案件。

王克捷（中天電視台總經理）
有足夠的能力去實現所有的夢想。

Cat King（裝潢業者）
當一個飛人，可以自由飛翔，看看宇宙大地上形形色色不同的人類和生物。

葉女士（素食店老闆娘）
經營這家店已經二十多年了，一直都沒有機會去好好休息，所以我的夢想就是去度假，比如去參觀一些佛教聖地。

澤田邦博（電機工程師）
精通世界各地的語言，尤其中文，因為我很喜歡台灣。

陳先生（工程）
可能受到自己的信仰（佛教）所影響吧，我一直以來的夢想是天下太平，每個人都平安，不過這樣講出來好像一個笑話，因為這個夢想要成真真的很難。

●如果你家境清寒但想展現才華
TVBS關懷台灣文教基金會——夢想起飛計畫
www.tvbs.com.tw/tvshow/DREAM/default.asp
想要成為張惠妹或曹錦輝？無論是具備音樂、體育還是繪畫的天分，處於逆境的孩童，仍有築夢的權利。但是，很可能基本的生計就困住他們了。為了避免被埋沒，本計畫公開徵求欲一展長才的貧困孩童，以進行長期的資助及培育，並記錄其成長。
桃園復興鄉泰雅族的曉茹是全校跑得最快的女孩；黃元是台北縣崁腳國小的田園小畫家；恆春的晶晴彈了一手好琴……因為這個計畫，這些孩子的天賦將繼續發光發熱。

●如果你身體有缺陷卻想出國念書
好鄰居文教基金會——赴日培訓計畫
www.goodneighbor.org.tw/intro/index.htm
走出去！誰說行動不便者不能出國學習？由統一集團設立的好鄰居基金會與日本愛心輪基金會合作，共同舉辦了「亞太地區身心障礙領導人才赴日培訓計畫」，每年自八月起至十月底，公開召募18-25歲的有志青年，協會將提供一年的研習課程及相關經費。
去年（2004）的得主是君潔，她還是全國第一個讀大學的「玻璃娃娃」。她發現日本的日常用品、軟硬體環境都對殘障者非常友善。學法律的她希望能將國內身心障礙福利法與其他法規相互結合，進一步保障同胞們的權利。

徐玉琴（家庭主婦）

趙曉鳳（社工）

黃隆隆（服飾店老闆）

阿堯（退休人士）

蕭政德（退休人士）

李永輝（商人）

柯明雄（生態攝影與寫作者）

57 58 59 60 61 62 63

閒來無事時我喜歡和家人打個小牌，我的夢想就是打麻將能夠多多自摸啦！

從年紀小的時候開始我就想，可以不要有老年的階段。因為看了很多人在老年的時候都很不堪，這些切身的經驗與體驗，讓我希望不要老，可以保持年輕的活力，到生命結束的那一刻。

世界平安。因為如果什麼都擁有了，但世界不平安的話就什麼都沒有用，沒有安全感。從個人做起，就是不跟人吵架、不做壞事、不騙人，如果每個人都這樣做的話，世界就會有和平了。

希望全家人都健健康康，快快樂樂就好。

我很喜歡運動，曾經參加過不同的運動比賽，如果可實現夢想的話，我希望有一個很好的身體，能夠在登高大賽（摩天大樓）、慢跑、腳踏車三項比賽中獲得冠軍。

我的夢想是趕快把目前還在擔憂的事情結束，例如，兒女能夠盡快成家立業，然後我就可以無煩無惱的自由自在到處走走、看看世界。

我的夢想是跑遍世界上每個國家公園，即使我已經走過世界上很多城市，但是城市的人工化，使得到處看起來都非常相似，所以，只有國家公園中的原始景觀沒有被破壞，才能看到最美麗的世界。然後，用我的相機拍攝下來，將逐漸消失的美景保存起來。

●如果你希望當海外志工
國際青年文化交流協會
（International Cultural Youth Exchange）
www.icye.org
希望到國外體驗跟平常完全不一樣的生活，不一定只有吃喝玩樂式的旅行，當志工也是一種全新的、任憑用多少金錢也無法換來的生活和生命體驗。國際文化青年交換計畫提供超過三十四個國家，結合民宿和義務工作的交換計畫，主要目的就是要推廣作為「世界公民」的訊息、提高青年對不同文化的認識，以及對公義和平作出承諾，而協會的相關組織會提供自願者一些必須的訓練與支持。

台北縣政府新聞室員工彭怡珏今年（2005）便擔任了交換青年，前往德國老人安養院擔任一年的志工。交流計畫的範圍十分廣泛，可按照自己的興趣作出選擇，包括一些關於環境保護、推展社會融納、小組學習、語言學習、跨文化體驗等等的短期訓練營。有志者可在他們的網站上提出申請，或到協會在各地的辦事處索取資料。

李逢銘（退休人士）

不用錢買彩券而中大獎，因為我連最小的獎從來沒有中過。有了這筆獎金我要玩過日本，因為我很喜歡那裡。我以前當過導遊，雖然去過日本，但是每次都是捨不得吃捨不得住好一點，有錢的話，就可以玩得盡興。

邱智惠（家庭主婦）

快樂的生活過下半輩子。

莊長雄（草藥商）

我希望可以到一個安靜的地方修道，因為平常要煩惱很多事情，經常都放心不下。所以，如果有機會的話，我要專心修道。

卡門（攝影店老闆娘）

我是一個沒有野心的人，所以我的夢想還是希望做一個平凡人，不與人爭事，那就可以避免一些無謂的煩惱，生活舒服就好了。

陳淑珠（家庭主婦）

希望兒子找到一個女生，是女方比較愛他、多於他愛那個女生的。

陳秋（家庭主婦）

因為人都有生死，所以，我的夢想是獲得更多的智慧，可以了解我從哪裡來，又會到哪裡去這樣的問題。了解之後，就可以看透生命，就可以活得自由，像神仙一樣。

汪臨臨（愛好世界和平者）

我的夢想是世界和平。我覺得人類最大的災難其實是人禍，相比起天災、人禍更可怕。如果世界和平，那國防預算就可以用在其他更有用的建設和公共福利上，更可以去救濟一些貧窮國家的人。

●如果你想自行創業

行政院青輔會

www.nyc.gov.tw/chinese/01st/article_detail.php?ID=6

大家都想自己當老闆，對有這個打算的年輕人來說，青輔會是個好幫手。本會成立近三十年，專職輔導青年就業及創業，並另闢有女性同胞專區。包括創業貸款、法令及知識，相關的資料及諮詢一應俱全。

統計指出，輔導的行業從早期的製造業開放到農業、服務業，隨著產業轉型，服務業比例已高達九成以上，成功案例廣見於各報章媒體。創業貸款現已回歸市場機制，可直接向銀行申辦；申請資格原需高中以上學歷，目前只需具備工作經驗即可。

●如果你想要尋找夢中情人

Match.com　　www.match.com

愛情也進入了全球化網路時代。這個號稱《金氏世界紀錄大全》全球最大線上交友網站，已促成無數佳偶，目前約有兩千六百萬個會員，讓你沒有理由再哀嘆天涯何處無芳草。瀏覽和建立個人資料完全免費，發現呷意人選再訂購，便能讀到更詳細的資料並且進一步和他／她連絡。真要比較起來，費用比盲目聯誼的餐飲費或電影票都來得划算。此網站搜尋功能頗值得稱道，你可以就種族、相貌、婚姻狀況、教育程度、宗教、嗜好等各細項仔細勾選，另外，還有每週牽線紅娘會即時傳送合乎你理想條件的新會員訊息到你的電子信箱。所謂千里姻緣一線牽，試試看吧。■

Interview : Akibo
像孩子一樣地碰夢想

在浩瀚網路大海中，有一個小站叫作Akiakis。那是三個機器人離開小島去尋夢的故事，
也是一個父親爲兒子親手創作的床邊故事。
Akibo是李明道的父親從小對他的暱稱。Aki是「明」的意思，Bo是「Boy」。

訪問—郝明義
整理—蔡佳珊
圖片提供—Akibo

蔡仁譯攝影

FU

BUBBLE

BAZA ROBOT

TANO

MABO

AkiAkis機器人家族，包括主要的Tano、Fu和Bubble。

AKIAKIS SPIRIT

YANBO

HACHI

李明道（Akibo）

小檔案

Akibo為著名藝術家、平
面設計師，曾任實踐大

學應用美術系講師，現為Akibo Visual
Design Studio負責人。Akibo曾為多位歌手
設計唱片封面、演唱會海報，如新寶島康
樂隊、伍佰、張惠妹、五月天、羅大佑、
周華健等等，以及平面廣告設計，如開喜
烏龍茶和紐約人壽等。

Akibo為（左起）新寶島康樂隊、伍
佰、五月天等歌手樂團所創作的唱
片封面和演唱會海報設計。

1. 你說是因為工作關係常常不在家，沒法為小孩講床邊故事，
於是就做了這個網站，來彌補這個遺憾。那是怎樣的背景？

我有兩個孩子，六年前，老大Angelo四歲，老二
Peter三歲的時候，我送他們去加拿大居住，媽媽也去
陪他們。

出國之前，我一直是個忙碌的爸爸，平日我接的
案子很多，每天總要工作到很晚回家。回家的時候，
孩子已經睡了；早上醒來之候，孩子又出門了。幾乎
沒有看到他們的時候。只有週末，才和台灣一般家庭
一樣，帶孩子去郊外走走。夏天，則去玩玩水。

他們去了溫哥華之後，起初，雖然也會偶爾想念
他們，但也沒有什麼特別的感受，反正就是每兩個月
會去看他們一次。

大約一年後，發生了一件事情。我父親中風住院，我去陪他，他屢屢要交代遺言，要跟我說什麼，我都說不急，不准他說。可是沒多久，他跟著腦幹中風，這一下子完全無法言語，我要和他交談也沒得談了。有兩個星期的時間，我在醫院陪著他，卻完全無法和他交談或溝通。後來，他就走了。這對我衝擊很大。

父親一輩子栽培我學美術，卻從來不知道我在幹什麼，臨終也沒法跟兒子好好講話。我覺得非常遺憾，沮喪了很長一段時間，完全無法創作。後來一位朋友知道了我的心事，就問我，除了你父親之外，你心中應該有第二順位啊！現在應該和第二順位的人溝通了啊。我想了一想，我有第二順位，那就是我的兩個兒子。

於是，我決定開始創作，為兒子創作。我的夢想就是取悅我的兩個兒子。所以，真正要說有什麼背景的話，一切起因於父親的去世。

2. 怎麼開始動手做？什麼時間做？做了多少時間？

有一次我回溫哥華，兒子看我皮膚曬得很黑，問我：「爸爸你去了哪裡？」我說我去潛水啊。兒子很好奇，又問：「海裡面是什麼樣子？」我靈機一動，決定就用潛水這個主題，跟兒子分享海底奇觀和身在其中悠遊的快樂。

在一次離家的飛機上，我創造了一個機器人Bubble，之後發展成連載故事網站AkiAkis，講三個機器人搭船離開小島去潛水的故事。

那時候兒子們很喜歡皮卡丘，我的目標就是要把他們搶過來。

我一直覺得創作是一種生理需要，就像肚子餓一樣。父親去世時，我有一段時間都不想吃東西，直到為兒子開始再創作，才又找到新的飢渴，新的力量。什麼藝術理論都不在我的心上，只想為他們服務。他們喜歡的就好，他們不喜歡的就不要。所以機器人的故事情節完全照他們的意思發展，沒有正常邏輯。只要他們喜歡我就很高興，他們反對我就重畫。每畫出一個新故事，我就趕緊用e-mail通知他們上網去看。

做這個網站，花了我大約一年的時間。

每個週末，我都自己躲在家裡做。自己畫，連音樂也自己做。我會先買好兩天的菜，回家時把車停得遠遠的，然後把門關起來，把四周的窗簾都拉下來，也不敢把客廳的燈打開，為的是不讓鄰居知道我在家，以免找上門來聊天、串門子。我畫圖很快，安排互動才是苦功。

我很專心地畫，雖然我的觀眾只有兩個人。

3. 孩子他們也很樂意和你們互動嗎？你記得他們最早是怎麼回應的嗎？

開始的時候，花了一些時間。我每兩個月飛過去看他們一次，小兒子常對我說：「爸爸，我跟你不熟。」但是每當我要走了，兩個人都哭得淅瀝嘩啦的。

過了兩三個月，才開始得到他們一點feedback。

Tano在海底被地震打昏的那一段，他們開始緊張起來。我故意逗他們說是要安排Tano死掉，但他們堅持不肯，要求它不能死，所以我就又設計一個救命裝置把它救活。等他們有要求的時候，那是十分溫暖的。

跟他們開始互動之後，我就密切觀察他們最近喜

蔡仁譯攝影

好的變化，隨時調整我的故事。我每次去加拿大的時候，他們會來機場接我，接我的時候還會帶紙牌，紙牌上畫的，就是他們那一陣子感興趣的事物。譬如說有一陣子他們迷太空，我就安排機器人在海底發現太空梭，然後遨遊宇宙。最可怕的是，有一次我看到他們畫的是恐龍，上車之後，他們一下子告訴我好多個四個音節的恐龍名字。但是畫恐龍是會畫死人的，所以到現在我也只在尾巴的地方加了一點點。總之，一句話，我是為取悅兒子而做夢。

這樣下來，我手下畫出的這些機器人逐漸成為我和兒子之間最好的溝通使者。原本「跟我不熟」的小兒子，後來會坐在我膝上跟我一起討論Akiakis的劇情。小孩子層出不窮的點子也給了我很多新鮮靈感。

和孩子在一起，那是一個never ending story。

4. Fu、Bubble、Tano的原型是？

Bubble是Angelo，Tano是Peter。Fu是我家的狗。

兩年前，我兩個孩子也都又回到台灣來了。要他們回來的時候，他們說是要我給三個good reasons（足夠的理由）才行。我就說：

一，每人都有一台電腦。

二，可以讓他們養狗。

三，可以讓他們每天都看到爸爸。

他們就說這第三條不成理由，不算。

我現在把生活都繞著他們發展。譬如工作室，我原先有一個工作了很長時間的地方，但是為了讓自己可以隨時很快地見到他們，搬到一個離家只有十分鐘的地方。而我要出去上班的時候，他們會設法不讓我上班，用枕頭和椅墊等等塞住門口，不讓我出去。

5. 在這個網站上，你說：「希望孩子用想像力來閱讀故事，所以沒有對白，也沒有旁白。」你認為現在的孩子想像力如何？最大的問題是什麼？

小孩子的想像力是沒法限制的。也不必擔心。當初他們在台灣和加拿大之間來來去去，本來也擔心這

（上圖）為了取悅兩個兒子，Akibo創造了這個AkiAkis島網站，講三個機器人去潛水的故事，名字就是「大海的夢」。（中圖）父子共同創作故事發展，有陣子兒子迷太空梭，Akibo便安排機器人Fu、Bubble和Tano在海底發現太空梭的劇情。（下圖）Akibo把日常的生活經驗都放進創作裡，喜歡潛水的他便把一次逆光遊泳時看到的情景做成動畫。

個擔心那個,但是後來發現都不必。

孩子的想像力之受限制,都是大人自己給的。

我送兩個孩子去畫室學畫。一個畫室是拿書給他們參考著畫,一個是講故事給他們,讓他們自己畫。我就覺得後面這個才是對的。像我晚上講故事的時候,會給他們故事書。但是畫圖時,不給。

小孩子不應該先成為創作者,而是應該先成為欣賞者。

美國一個兒童美術教育家去上海訪問,說看到大陸的小孩學畫竹子,一畫就是三百片,然後再學畫其他部分。總之,是先把技法練好。她認為這是因為中國的美術工具裡,只有文房四寶的關係。而西方則不是,工具很多。所以西方的教育裡,不先急著培養他某一種技法,而是先讓小孩子多熟悉各種工具與各種可能。中西之別有沒有高下,她沒有下結論。但說出了事實。

我總覺得音樂可能要從小就練。但美術沒這回事。但台灣的美術教育,要到很晚才知道不見得一定要學素描。其實,技巧,如素描,隨時可學。何況,會素描,不過是美術的許多表達方法中的一個而已。

相對地,我看到西方的情況就和我們大不相同。有一次看我的孩子在加拿大上一個陶藝課。他拿了一根鐵片,大腹便便的老師走過來說很危險,就收走了。在台灣,這應該就結束了。可是等了一會兒,我看她走過來,拿了一根竹片過來告訴我的孩子,他們可以使用這個來做代替品。我覺得這才是大人對孩子應該的態度。

後來我看他們做木工,會在木頭上釘上釘子,再在釘子上用毛線綁出自己、名字,所以我也會教Angelo用筷子來拼一艘船、也教Peter用一塊麵包加上一些蔬菜當臉的部分象徵,烤一分機器人比薩。

給孩子這樣的環境,他們就會天馬行空地亂想。現在他們常常會幫忙編劇。

Angelo還幫我另一個網站Appapapa.com作曲。

小孩都有創作慾在心裡,只是我們沒有給他們一個出口。

6. 我最喜歡Tell Me More那一段,音樂和畫面都極動人。那個故事是怎麼發想的?

差不多整個站完成的時候,就想做一個精華的摘要。讓這個摘要可以表達整個網站的精神。

其實,這是一個愛的故事。那是朋友們共同出發去做一件什麼事情,相互幫助,而且等完成後回來,大家有一個共同的回憶的故事。

我的機器人,應該都和人類的世界是一樣的。想到我的朋友中有一位是坐輪椅的,所以就也安排了一個那樣的機器人。

7. 怎麼看待現代的親子關係?以及父母對子女教育這件事所要扮演的角色?

我現在這樣對自己的孩子,是受我父親的影響。

我父親受的是日本教育,很嚴格,不能撒嬌。父親要講什麼故事,就會講一個幕府將軍的故事。會講有一排柱子,其中有一根特別高的時候,要把它打下去。而我就會想,為什麼不把其他的柱子拉高呢?

我很怕我的父親。小時候早上賴床,媽媽怎麼叫都沒法把我叫起來,可是只要爸爸的拖鞋聲遠遠地一傳來,我就會立刻跳了起來。所以到台北來讀書,早上不肯起床的時候,弟弟就會說,要不要把爸爸的拖鞋寄上來啊。

我媽媽也是受日本教育,也是對我們有很多期望,經常會對我們說將來要有出息。

我自己開始的時候也不喜歡小孩。記得太太要生Angelo的時候,我在去醫院的路上,心裡還在想這下子麻煩大了,以後是一輩子的事。可是等到了醫院,才看到小孩從產房推出來,我立刻就說,我還要一個。

我說過,父親受日本教育,我和他的溝通很少。有一次和他去花蓮回來的路上,和他有過一次談話之後,才算是跨過了一條線。那以後,他就讓我當家作主,什麼事情都會問問我的意見。

我們的溝通雖然有限，並且在他最後的日子裡，因為沒有給他充分時間講他想講的話，也帶給我莫大的遺憾，但是他卻留給我一筆最大的財富，那就是讓我有處理許多事情的能力。而讓我半個月坐在他身邊，什麼都不能做，更激發了我做AkiAkis的飢渴。

8. 對於孩子的未來，有什麼期望或夢想？

　　他們是生命，不是我的財產或戰利品。

　　沒有人是天生了解孩子的，沒有人是兒童專家。

　　最重要的是你對他們的愛，不管他是否功成名就，是不是nobody，都照樣地愛他。

　　此外，要和他們公平地交往也是很重要的。我每次去加拿大的時候，會帶他們去各地旅行，到Rocky Mountain等等。我會分配他們工作，訓練他們如何旅行，看到他們在旅行中怎麼學到很多東西。但是，我也會從他們身上學到一些東西。

　　Angelo七歲的時候，有一次我們出去，和他媽媽吵了一架，他媽媽帶Peter回房，我帶Angelo去打mini golf。他跟我說，他也覺得媽媽剛才不對，但是，「你娶了她就應該讓她。」

　　現在我希望他們在台灣讀中學，讀完中學之後去哪裡上高中我不管。我也從朋友那裡聽說了在台灣讀國中種種負面的情形。可是我覺得小孩小時候總有一個陰暗面，擋掉這個還有那個。

　　Angelo在加拿大的時候，有一次被一個叫Bobby的同學欺負。他回來跟我說，我就告訴他：我們要一人分擔一半的工作。我會去和他爸爸說這件事，但是下次Bobby欺負你的時候，你也要跟他說不能欺負你。後來我和對方父親來往很好。我也教會了孩子要他們自己保護自己。

　　所以，將來他們在這裡進國中，我也會跟他們說，這也是一人一半的工作。我會幫他們擋一些事情，但是他們也要自己料理一些事情。

（上、中圖）AkiAkis網站有一個零件工廠，供人製作屬於自己的機器人，讓機器人加入俱樂部，更可和世界各地的機器人做朋友！（下圖）「Akibo Wish」許願池（還在建設當中），一個收集願望的平台，你可以知道世界上有哪些人跟你有共同的願望。

9. 你的嗜好是潛水？其中的樂趣與心得？

我是先愛上游泳的。

在我有九個助理的時候，有一天，我的助理跟我說，以後晚上七點到八點這一個小時要休息，不要工作。我問他們為什麼，原來是我們工作室附近新開了一個游泳池，因此他們要去游泳。

我有點勉強地答應了。但這下子晚上七點到八點的時候，只剩下我一個人留在辦公室。又要接電話，又要幫他們處理這個那個的。所以到了下一個星期的時候，我也乾脆去了游泳池。

可是後來反而變成他們都回去工作不游了，只剩下我一個人還在游。我愛上了游泳。這樣一路下去，我還考了潛水、救生、救生教練等執照。

我在白沙灣當過兩年的救生義工。前後只救活過兩三個人。事實上，出現意外再救上來，十個裡面有九個是救不過來的。因為人在水裡只有黃金六分鐘，超過這六分鐘，機會微乎其微。

因此我想救生不如教別人救生，如果每個人都多一些正確的觀念，自我保護的觀念，可以救別人的方法，那比我一個人去當救生教練要有意義多了。

我每年夏天都有救生課。夏天其實是我案子接非常多的季節，可是我為了教課，每天四點就要趕著去金山，晚上十點才能回到台北。週末還要去溪邊。如此兩個星期下來，可以教出兩百個救生教練。

救生最重要的就是觀念。我有一次去游泳跳下水，就被我的孩子指責，我為什麼沒有先看看那個位置的水深。另有一次，我看我的孩子上游泳課，說是看到有人在水裡掙扎，要先丟浮具給他。這也是正確的觀念。自己跳下去救人，是最萬不得已的一步。

創作和生活經驗很有關係。今天看AkiAkis，很像

是在看日記。三人逆光游泳那一段，就是真的看到的。那一天是和陳昇還有他的助手去游泳。

而我潛水的時候，只當一個欣賞者。不帶相機，不帶魚叉。盡量享受。沒有聲音。只有水聲，和安靜。

潛水第二個特色是，世界是upside down，你坐在四、五公尺的水下，靜靜地抬頭看上面的波浪，是很特別的經驗。

最後，潛水很重要的是潛伴。潛水的時候，不能光說是下水後大家要互相照應這種話。一定要在岸上相互指認好要照應的夥伴。

我小時候就經常和弟弟吵架，打架，但吵過，打過之後，又會抱在一起。所以後來有一次Angelo和他弟弟吵架，說他是來搶爸爸媽媽的時候，我就會跟他說：「Peter 不是來搶你爸爸媽媽的，而是當爸爸媽媽過世後，這個世界上你唯一的親人。」像潛水一樣，我要讓他們知道，他們將一起完成一件工作。

10. 如何觀察圖像閱讀、網路閱讀及連線遊戲？

這是一個新的媒體與平台。但不應該與實體脫節。

我是五年級生。在文化大學讀書的時候沒有電腦，所以每天要趕去台北車站學Basic語言。後來別人又去學什麼程式語言的時候，我問老師我想像中要學的東西該去哪裡學，他說那只有NASA才有了。

之後1985到91年的時候，我做唱片設計。音樂界的人都愛用Mac，所以覺得很好玩。

但還是會在我的創作裡加入手工的元素。如「新寶島康樂隊」就可看得出來。這是自己養成教育過程中的影響。

而Angelo將來長大後，肯定不是這個樣子。

每個時代都有自己的路要走，不必管前人或是後人。工具就在你手邊。而且工具會改變作品的面貌。如甲骨文是用刀刻出來的。到毛筆發明出來後，不用刀刻了，但是寫的字還是大篆小篆，隸書等等，還是要摹仿那些刀刻的字形。要到好幾百年後，才懂得用毛筆的特性，來寫行書、草書。

照相機出來後，有一陣子大家都說畫畫的人沒得混了。但是其後有梵谷、畢卡索、馬蒂斯。各人從不同的方向，提供了繪畫可以擺脫照相機只是寫實的特性。

今天的電腦，也還有太多處女地要開發。我剛開始做AkiAkis的時候，Flash才2.0。現在已經7.0。

工具越來越扁平。但最重要的反而是最基本的創造力。李長俊在《西洋美術史綱要》說藝術最迷人的，在於它有無限的可能。

今天的時代和過去不同。過去，是有一個美好的未來的時代。所以大家都想保有許多東西。而我要做AkiAkis，則是希望當場就帶給別人感動。而不是掛起來，不讓人弄壞。

11. 如何具備網路上多媒體創作的條件？

交通工具很多。你要學什麼技術，必須先知道自己要去哪裡。

台灣的freelance很多，但是大部分人不知道要畫什麼。

我則有一個信念，我的作品都可以在實體世界印出來表現。我和小孩用麵包做機器人pizza也是這個道理。

總之，我相信作品不應該只是躲在screen後面的東西。

有人問我，AkiAkis為什麼主角是機器人？那是因為自己小時候也很想要有一個機器人，就是那種烤漆的鐵殼玩具。鐵殼玩具在我那個年代的小孩來說只是個夢想，能擁有一隻就覺得很興奮。所以我設計Akiakis機器人時全用這種烤漆外殼的質感，也可以說是自己童年夢想的延伸吧。

因此就這一點來說，我的AkiAkis也可能是從三歲的時候就開始做了。

12. 對台灣整體動畫與網路創作的環境？有什麼夢想？

台灣是很豐富的土壤。技術和設備也不輸人。譬如和溫哥華比起來，那裡的設備就遜多了。

但是今天太多老師，只教我們去誠品翻書。去翻

書,看看別人是怎麼做的,不錯,但那不是我們自己的東西,不是我們紮根的東西。

有一次在美國,和一位朋友從紐約去巴爾的摩,晚上太累了,下交流道找一家旅店休息。第二天起來,問老闆這附近有什麼好玩的。老闆就告訴我們走兩條街之外,有一個火車站非常棒,要去看。我們去了,結果發現只是一個破破的,什麼也看不到的舊火車站。那個老闆生活的圈子就在那裡,他沒出過國,也沒聽過台灣在哪裡。但是他知道這個世界上最有意思的火車站在哪裡,知道這個世界上最好吃的餐廳在哪裡。

而我們,有世界觀,有各種世界知識,但是要問我們台北最好吃的餐廳在哪裡,可能就要咿咿呀呀,講不出來。

最近我去屏東參加一個演唱會,一路下去,發現台灣的水塔之美。而我為什麼喜歡和陳昇、伍佰合作,就是因為他們在講這個地方。我做新寶島康樂隊,是陪他們去校園巡迴演唱,一路看到許許多多檳榔攤而產生的靈感,像台灣的流水席的粉紅色桌布也是很美。全看你怎麼發現其中的美,如何去運用。

所有的藝術都必須和那個地方的生命有關,才美。

13. 對自己的創作,有什麼夢想?

夢想是一切的動力。

很辛苦工作的時候,想到十月要去普吉島潛水,就把工作做好了。

一般人對夢想最大的誤解是,夢想與現實的距離。

有些夢想純粹是不可能的想望。

一個當美國總統的夢想。

我從不認為夢想要原原本本地實現。因為那不公平,為什麼你的夢想都要實現。以AkiAkis 為例,最後的結果只是夢想的表皮與紀錄,重要的是過程。

所以,實踐的過程反而是最寶貴的。

AkiAkis 做出來之後,有很多朋友的小孩也來看我的網站。我還設計讓小朋友可以下載機器人的零件

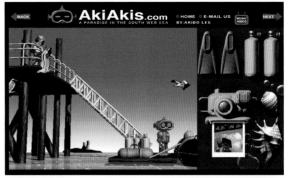

想看更多,請上Akiakis大海的夢:www.akiakis.com
Akibo網站:www.akibo.com.tw

圖,自己剪貼,做好了之後再把照片放回網站上,目前上頭已經有一、兩百個小朋友們自創的機器人了。我一直認為網路並不是獨立的世界,而應該和實體世界有所結合。所以我希望我的作品可以跟大家有實質接觸,而不是只用mouse和monitor來玩。

做機器人做得興起,我又創作了Faxarts、Lulubo、Apapapa……,這些機器人也像我的小孩,生出來之後就要好好養他們,成為我生活中另一條重要軸線。我試圖讓我手中的機器人和真實世界產生互動。例如Faxarts的口號就是「Can't do without you」,它是利用傳真的原理,即一個訊息被分解成許多小點,傳到遠方之後再組合起來。加入Faxarts的會員,每個人可印出一張色塊,和一個座標碼,到了集合地點後按照座標將色塊貼在牆上,便組合成一張完

整的大圖。

　　我最新的計畫則是Akibo Wish許願池。這是一個專門用來收集願望的平台，每個人可以上網輸入自己的願望，也可以搜尋別人的願望。首頁每半分鐘會播出一個願望，最終它還可以在某個公開場合投影播放出來。

　　我在實踐一個想法：網路不只有虛擬，不一定是越來越高科技。它可以拆解成最基本的元素，再依賴人和人的關係重組拼合起來。

　　透過網路，夢想可以無限延伸、互相連結，然後慢慢發酵，像釀酒一樣，大家一起品嚐，喝完了，大夥兒就一起醉了。

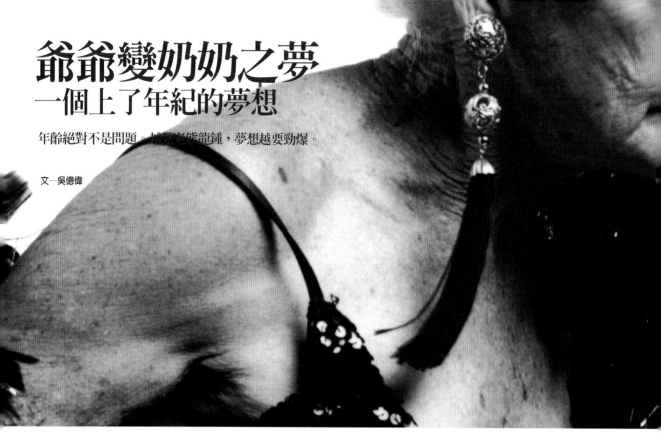

爺爺變奶奶之夢
一個上了年紀的夢想

年齡絕對不是問題。越是老態龍鍾，夢想越要勁爆。

文一吳億偉

夢想是青春的權利嗎？

今年，紐西蘭一名七十三歲退伍軍人哈維「爺爺」終於能夠完成他的夢想——變成哈維「奶奶」。

雖是垂垂老矣的年紀，哈維仍不放棄想成為女人的希望，他曾在軍中服役二十年，退伍之後，積極參與政府支援變性手術的遊説活動，要替自己和有相同需求的人尋得出路。在這之前，1998年，他六十七歲，早已對外宣布自己是位女性。當然，熱切的哈維可不會説説而已，今年出席老兵聚會時，他更穿著女裝，與同袍敘舊，「驚艷全場」，一點也不扭捏。

哈維積極的態度為他爭取到「公費」支付手術費用，成為紐西蘭政府去年少數同意資助的「性別變更」手術之一。不過，都走到人生最後的階段了，是否真要那麼大費周章，動手術呢？這位老爺爺（不，應該稱作老奶奶了）可是很豁達地説，就是因為走到人生最後階段，煩惱重重的一生即將了結，實施手術至少能讓自己了卻在死前做個女人的心願。

老爸對兒子的怪期待

談到「有年紀」的夢想，不能忽略中國民間故事中，具代表性的「愚公」。春秋時期，有太行和王屋兩座山，北山住著一個人叫做愚公，年近九十歲，對於兩座高山阻擋了往北的通道，感到頭痛。一天，他召集了全家人商量要剷平這兩座山。

獲得家人贊同後，愚公一家人開始努力。河曲智叟看到愚公如此辛苦，取笑他

說：「你太自不量力了吧，這麼大把年紀，你到幾時才有辦法把山剷平啊？」愚公回答：「你才傻呢。我就算死了，還有兒子在呀，兒子又生孫子，孫子又生兒子，這子子孫孫是無窮盡的。這兩座山又不會長高長大，我有什麼好擔心挖不平它們的呢？總有一天會挖完它的。」河曲智叟聽愚公這麼一說啞口無言。愚公一家人又繼續每天挖啊搬的……山神被愚公的行徑嚇到了，最後請天帝派來了兩個「機器神」，搬走了這兩座山。

當然，這故事也有那麼一點過分浪漫了，若山神決定跟愚公決一殊死戰，怎樣也不肯離開這本來的好風水，愚公的子孫們就要背負著這個夢想，一代一代地做下去，這也實在太……那個了吧。

還有另一種「有年紀」的夢想，同樣是老爸對小孩的奇怪期待。近代戲劇故事《黑籍冤魂》提到，自晚清以來，菸為現世大害，多少紈褲子弟敗於其中，但是主角曾伯稼可是難得的好青年，交友廣闊，樂善好施。上了年紀的老爸擔心他整天在外頭會將家產揮霍殆盡，見到其他吸菸青年整天纏綿菸床，不願出門，希望他也能這樣，便能堅守家業，遂勸伯稼待在家裡，多吸鴉片，「有益身心」！？

伯稼當然不從，老爸偕同老媽一起要脅，對伯稼一再相勸：吸一口吧。吸一口吧。鴉片之害眾人皆知，伯稼很生氣，但其老婆見雙親一臉憂愁，洋菸桿準備一旁已久，好言相勸，要他吸個幾口給他們看看就好。伯稼拗不住一家大小輪番勸說，便抽了幾口，之後，又多抽了幾口，然後，又繼續抽了幾口……

老爸成功了，伯稼從此不出家門，所有的錢都交給了鴉片商，家中大小事都不管。最後，家裡的財產漸漸耗盡，家中成員間接直接都被鴉片所害離世，只剩伯稼一人淪落街頭，自縊而亡。

日本爺爺跨國一圓貓熊夢

回到一百年後的現代世界來，當南半球紐西蘭的哈維等著進入手術房，完成他的「終身大事」之時，北半球日本爺爺淺見洋一，鼓起勇氣，買了一張機票，正坐上飛機前往異地，開始他的夢想。

當一個貓熊保姆。

六十歲的淺見洋一，從小就喜歡貓熊，這數十年來，從未放棄過專職照顧貓熊的夢想，今年從日本公司退休的他，五月來到中國的北京動物園學習如何照顧貓熊。每天從早上七點就得開始打掃，清理貓熊館的環境，最難的部分是玻璃，因為上頭有許多小朋友的手印，必須要用力刷洗，才能晶亮，對一個老爺爺來說，可不是件輕鬆事。經過三個月的投入後，淺見洋一慢慢了解動物園裡十二隻貓熊的特性和脾氣。

貓熊館館長說：「他工作相當認真，很多人應該跟他學習。」淺見也成為北京動物園第一位外國義工。

想到一個六十歲老爺爺在動物園裡面跟十二隻貓熊玩耍的模樣，或是七十三歲的爺爺終於變成女人走在街上窈窕的丰姿，看起來有了年紀的夢想，其實也很動人。■

本文作者為文字工作者

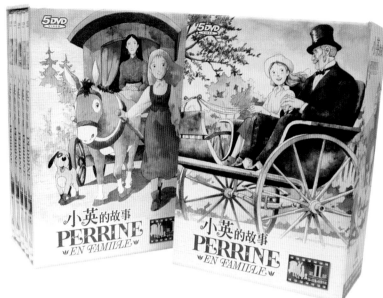

命，我寧可選擇好整以暇征服地球的夢想，要來得優雅得多。

向小蓮和小英學習

於是，從小我就認為征服地球絕對比當總統要容易。至少我身旁就沒有人立下志願要當總統，倒有許多小朋友，男的想當鐵雄、大明、柯國隆，女的想變成三號珍珍。而那些想當南宮博士的小朋友，早晚就會發現，博士都很難攻，就好像大家都立志要當李遠哲拿諾貝爾獎，但現實裡到現在，李遠哲一直都只有一個。而且是越來越老的那個。

後來，「世界名作劇場」在電視播映，看到《小天使》裡的小蓮靠著甜美微笑跟超優性格打開頑固老爺爺的心防，再看《小英的故事》裡的小英憑藉堅忍不拔的毅力及過人的智慧，從印度一路流浪到法國，然後感動她頑冥不化的爺爺……我突然領悟到，原來教化成年人才是小孩子的偉大志業啊！世界會這麼亂都是大人惹出

世界會這麼亂都是大人惹出來的，要改變世界，當然就先從改變這些醜陋大人開始吧。

來的，要改變世界，當然就先從改變這些醜陋大人開始吧。

於是我口中的哼唱曲從「飛呀飛呀小飛俠」，開始變成「啦嘟啦嘟嘟」跟「小英趕著一部車」，我的夢想不再以世界興亡為己任，畢竟那太遙遠了，就好像小孩子夢想當太空人卻連在水裡游泳都沒學會，更別妄想在太空中游泳，我篤信切身的生活點滴才是最美好，也是最實際。就跟迪士尼電影的小孩們到劇末總可以化解大人的危機成為英雄一樣，小英跟小蓮最後也都成功了，我相信有志者事竟成，我也可以變成甜甜的小蓮或堅忍的小英。

可是當年紀逐漸增大，我逐漸發覺，或許我可以變成小蓮，但現實裡頑固的爺爺卻往往比動畫裡的爺爺更頑固，不僅個性難以改變，根本連講幾句話溝通溝通都無以為繼。我懷疑著這是因為小蓮住在阿爾卑斯山，而我住在平地的差別嗎？還是高山上的老爺爺因長期缺氧，性子比較和善？而想學小英更困難，至少我永遠無法把自己搞成混血兒的血統，然後萬里流浪去尋親。

平凡遠比不凡要困難。這是我從動畫漫畫改變夢想過程中最深刻的領悟。

人這種活著的複雜動物，遠比世界、地球那種籠統、不會反駁的東西要來得麻煩。要想征服人？！說不定赫爾博士征服太陽系還比較簡單哩。

有動畫漫畫在，那還有什麼問題

長大以後才發現，在現實社會中，男生期待的不是成為柯國隆的果敢正義，而是

想跟他一樣一夕間受萬人矚目，女生殷殷期盼的不是莎莎新女性的勇敢堅強，而是木蘭號堅挺顯眼的雙峰飛彈，這種很直接的驕傲，才是最實際、最受歡迎的志向。

而動漫畫裡單純真誠的夢想開始模糊虛幻，那些都不真實，只能存在過去的記憶裡。你若從動畫漫畫中學會立志、發起夢想，絕對會被當成異類。適度的隱藏會帶來短暫的平靜安穩，這是上了年紀的動畫漫畫迷的處世之道。雖然心中隱隱約約也會浮起一絲絲的遺憾……

但在庸庸碌碌之餘，當心情稍微得到喘息時，「征服地球」的夢想總又會浮現在心頭。帶著既熟悉又陌生的感覺。

原來，倚靠著動畫漫畫，我才可能變得雄心壯志，變得勇敢積極！

原來，倚靠著動畫漫畫，我才可能變得雄心壯志，變得勇敢積極！

就帶著動畫漫畫去征服地球吧！有科學小飛俠、無敵鐵金剛給我撐腰，有小英小蓮為我打氣，那還有什麼問題。何況科學小飛俠會碰上惡魔黨、無敵鐵金剛會遭遇機械獸那些宿命敵人，但我在現實世界裡既不可能遇見惡魔黨（可能連這個黨名都無法申請立案）、也不會目睹機械獸（因為根本違反物理原則，詳情可參考《空想科學讀本》），我還怕什麼？！

反正征服地球很簡單。

動畫漫畫相信，我也相信。 ■

本文作者為傻呼嚕同盟召集人

當我們同在一起

夢想路上,有夥伴齊行就不孤單。

文—藍嘉俊

徐欽敏攝影

草山生態文史聯盟
一群捍衛家園的社區媽媽——林麗枝、文海珍、戴吾明、盧慧敏、廖美鳳、徐美女、陳月梅(由左至右)

很多為了脫離塵囂而來陽明山的人可能並不知道,這塊台北的淨土正在一步步失守。站出來關心的,卻是一群住在山下的社區媽媽們。為了捍衛這塊好山水,這群以媽媽為主、年齡半百以上的社區居民成立了「草山生態文史聯盟」,誓言長期地投入。

裡面的成員,有醫院義工、退休建築師、老闆娘、還有家庭主婦⋯⋯一有活動,每個人都出錢出力,並拉家人一起來,他們不信社會冷漠無情,更不信公理無法喚回。

當初,從市府到開發商,誰也沒有把這些應該在家裡泡咖啡、抱孫子的婆婆媽媽爺爺們放在眼裡,認為團體不久就會自動解散。但是,草盟已經走過四個年頭,而且越來越有活力。有的成員說,這是她生命最豐富的一段時光。看到工作室裡整櫃子的公文與報告書,每週定期的開會,誰也不能輕視她們的決心。

藉由媽媽們特有的親和力,草盟和附近的校園也有很好的互動,學生們反應熱烈。這不但是一個理念的續航、也是紮根,關乎對於一塊生活過的美麗土地的堅持。

江志康攝影

怪A陶店
一群復興手工藝精神的學生——其A、江枚、怪力、阿蒙、威威（由左至右）

好像念藝術的學生都會擔憂，出社會該如何謀生？但是，這群住在三合院的台南藝術大學研究生可不這麼想。看到室友怪力的陶藝品很特別，有廣告頭腦的阿蒙便上網試賣，結果迴響出奇地好；這時，也是捏陶的其A，親戚剛好在安平有間空著的房子。想像力、專業分工、貴人通通到位，於是，一家名為「怪A陶」的學生的店就登場了。

他們悠悠地說，從窯子裡燒出來的東西，有控制之內的品質，也有計畫之外的效果。所以，每次開門皆有驚喜。這些作品都是來自於彼此的生活經驗，絕對地誠實。

不只是用自己的力量把作品推出去，這群學生更以復興手工精神為最大理想。除了陶藝，店裡還有江枚的金工藝品、威威的詩集，以及許多朋友的雜誌、CD及紀錄片——全部都是獨立發行、手工打造。

就像廢棄的三合院因年輕人的活動而有了生命，這間座落在安平老街的小屋，也因為藝術品的進駐而充滿希望。打上燈光，播放著自己的歌，這間學生的店很有自己的味道。裡頭的每件創作都代表了一種守候，守候懂得欣賞它們和他們的人。　■

超級女聲
滿足的商業及其他夢想

不管你有沒有看過《超級女聲》這個節目，
不管你有沒有看過這個節目的相關報導，
現在都很難不注意這個節目所象徵的作用與意義了。
——尤其在2005《超級女聲》冠軍得主李宇春登上了
《時代雜誌》「亞洲英雄」的封面人物之後。

文—傅凌
圖片提供－湖南娛樂頻道和上海天娛傳媒有限公司

跨頁圖片來源Getty Images

這也是一個行銷夢想的實現。超女節目監製張勇雖然客氣地說他們對網路的準備不足，因而很多可以做的事情沒有做到（見附文訪問），但事實上，從海選到淘汰賽到PK，從觀眾可以動用手機投票與網路粉絲會所做的串連（見附文分析），超女示範了一次在網路時代，多層面行銷活動結合的可能。行銷活動中所強調的情境創造，在超女的案例上也做了最徹底的展現。

這次超女的粉絲之多，固然在人數的量上極為驚人，在社會層次的分布面上，也橫跨極大的光譜。年輕族群固然不足為奇，但是上了年紀的知識分子也都積極參予，熱心觀察，則更是一大奇景。其中的原因，最流行的一種說法，是超女在預示一場政治之夢。在各種選舉制度還待開展的大陸，有人透過超女

商業利益

1. 收視率──百分之三十。約四億人收看。
2. 節目的冠名權收入──今年冠名權得主「蒙牛」原來付2,000萬元，追加到4,000萬元。2006年冠名權已經宣佈從8,888萬元起標。
3. 電視廣告收費
4. 帶動各種戶外及其他廣告收入──蒙牛今年投入8,000萬元。
5. 蒙牛本身的銷售額從2月的8億上升到9月的25億。
6. 簡訊收入
   簡訊投票──每15條收費1元。
   事後，發送超女以及湖南衛視相關新聞短訊──每條收費1元。
7. 與歌手簽約八年的經紀約。
8. 媒體效應──誰的報紙上沒有超女的新聞，部門主任就要扣錢。
9. 附加利益──譬如周筆暢的鋼筆字好，所以開學後鋼筆字帖大賣。

有人覺得海選是這個節目最成功的原因之一，如果沒有海選，投票這麼基本的一個因素就不存在了，甚至連美國的報紙也說「這個節目體現了中國人民對於投票的熱情」。

沒有、沒有。可能是美國的記者到節目現場來看了一次，看到大眾投票的環節吧。電視本來就是一個講究氣氛的文化內容，大眾評審的投票產生熱鬧的情緒，只是電視節目的要求而已！

這個節目是一個海選階段、一個投票階段的組合，兩者我覺得是互為因果的。如果只有淘汰，那跟以往的競賽節目有些區別，但區別還不算太大。

如果只有海選的話，它又只不過是展現，對一個電視節目來說又不夠完整。我覺得兩個一塊結合才最好。

最讓我們感到驚異的，是超女各自產生了那麼多粉絲，粉絲又爆發那麼多熱情的活動。其中，請特別說明一下，年輕、消費、聚合的粉絲現象到底說明了什麼？另一方面，又為什麼這麼多知識分子與社會菁英也都樂於成為粉絲？（聽說徐靜蕾就是一個「佳佳」？）

這應該是很正常的，很多媒體都說現在是一個反偶像的時代。我想他們可能想自己製造一個偶像，有這樣的熱情吧！

那麼多瘋狂的活動，我沒親眼看過，都是透過報紙、網路才知道的，我也無法判斷那程度是怎樣的。但是從投票的熱情來看，我覺得這個節目慢慢比較深入人心，這是做節目來說比較感到高興的事情。要說這到底說明了什麼，我還真說不出。可能是現

年輕、消費、分散的力量展示

1. 各人都有粉絲，如成都賽區的李宇春迷（玉米，李宇春粉絲的別號）、張靚影迷（涼粉）、何潔迷（盒飯），原先在進入前十強之前，是團結的，叫作「成都小吃聯盟」。

   進入10強後分裂，另行各自與其他人結盟。

   涼粉＋筆迷（周筆暢，廣州賽區第一名）＝粉筆

   粉筆＋易慧迷＋荔枝（黃雅莉，長沙賽區第三名）＝易枝粉筆

2. 各迷會展示的力量

   (1) 快速且全面的動員──2到3月間，各會已經建立從中央到鄉級的組織。

   (2) 積極──每天晚上開會。

   (3) 指揮所──設有「前敵總指揮」。

   (4) 合縱連橫──換票。

   (5) 情報戰──粽子＝綠皮藍骨，或藍皮綠骨

   (6) 同志情──如筆迷親吻→筆親→親吻

   (7) 拉票活動的創意──當街的拉票活動＋「搶妳身邊男人的手機來投票」

3. 周邊產品的創意──如玉米棒子、玉米軟糖、玉米耳環。

新價值觀念的建立

1. 「我們先是朋友，然後才是對手。」

2. 失敗者懂得向得勝者致意。

3. 被PK（一對一淘汰）掉的淚水，常常是超女們流給她們身邊的好友。因為她們不能繼續在一起了。

4. 大眾評委上台投票時的常見態度──先擁抱自己不投的那個人。

5. 對很多人而言成了每星期五晚上八點半準時送達的合家歡禮物。周一就盼著周五的到來。

超女紅火的程度如何反映在創造的各種收入上？實際收入上的回報可不可以講幾個指標來讓讀者知道有多麼成功？

其實從收入上，它並不是非常令人滿意，或是它所達到的程度真的如外界所揣測的那樣。它所活躍的程度更多是體現在對湖南電視品牌的貢獻上，並不是能用多少錢、多少收入就能夠評價出來的。它給我們帶來好的影響是很大的，實際的收入並非像網路或是其他傳媒所說的那麼大，還是一個傳統的線性的增長。

根據報導，你曾說過「現場此起彼落的眼淚只是副產品，快樂還是主打賣點。」請解釋一下「快樂」在這個節目中如何體現？

我覺得現代人的情感，痛苦也好、快樂也好、鬱悶也好，用眼淚這個物理的行為去判斷的年代，已經過去了！緊張的釋放也好、感動也好、什麼其他的情感也好，都可能流下眼淚。整個過程因為我們跟選手能夠有很近的接觸，我覺得大家還是比較輕鬆、比較快樂。我跟他們在一塊嘛，所以感覺得到。我不知道大家從眼淚上，看到了煽情、看到了什麼，是我們故意去找的還

行銷中的夢想
廣告高手的觀點

文—吳心怡

你一定聽過這句話：人類因夢想而偉大。

誰說的？這一點也不重要，重要的是這句話簡單的結論了你我所處的這個時代的行銷技法——夢想。你一定注意到我不稱之為「手法」或「趨勢」之類的行銷行話，因為我認為這招叫做技法。老技法。但依然管用。非常管用。越來越管用。

原因並不在於近乎百分之百的人在客觀角度上來說都稱不上「偉大」，而是因為百分之九十九點九九的人都有大小互異高低不等的夢想（複數加上s），但只有極少數的人，可能接近小數點之後的零頭吧，才相信夢想是可以實現的，或是說，夢想是該被實現或執行的。而不是留著老了之後拿出來跟朋友一起下酒用，或是只講給花你一堆錢但一點也不在乎你的心

理醫生聽的。

因此，若要談夢想在這個時代的商業化或商業價值，我必定用這樣的標題：夢想無涯，回頭是岸。這八個字的前半段是給行銷人看的，後半段則是奉勸消費者的。如果你兩者都是的話，我只能希望這八字箴言能夠在你消費夢想時救得了你。

夢想無涯

夢想，對行銷而言，對市場競爭而言，是有價格的，而且是可以被完成被實現的。只要你肯花錢。當然，你知道的，夢想的價格不一，因為夢想無法精準度量，夢想的價格並非取決於夢想本身，而是取決於品牌或是產品的價格與價值。你得先知道一個事實：

價格越高越貴的品牌或商品，越需要有一個難以企及或金字塔頂端型的夢想與之匹配。反之，價格低一點的商品，夢想便……該怎麼講呢？直說吧，便沒那麼「夢」沒那麼「想」了！

夢想到底值多少錢？夢想如何打動消費者進而讓他們勇於花錢追求呢？這有兩個操作的基本指標：先知先覺與後知後覺。

所謂先知先覺，指的是大多數人都公認的，也就是平易近人的夢想。例如買房子，買車子，貸款，辦信用卡，遊學等等，這些都是操作夢想技法的最好範例。買房子可以變成買個遮風避雨團圓溫馨心之所屬的「家」；買車子可以變成給家人安全或舒適或承諾的能力展現，也可以代表了是由自己掌控了人生的方向盤；貸款，可以是為了成功；信用卡可以是預先管理財富的前衛生活；遊學可以是成為國際人的夢想，或者只是想用剛長硬的翅膀飛出去看一看世界……這些都是運用已存在消費者心中的夢想，然後連結商品，也就是將商品夢想化或是將夢想非買不可化。

再來談談後知後覺，這個指的是某些並不存在於消費大眾心中的慾望，你可稱之為教育型的夢想或啓發型的夢想。例如：情人節要送（或是要收到）巧克力與玫瑰花；鑽石從男方向女方求婚時用，延伸成單身女性有能力買鑽石來犒賞自己以展現不流俗的夢幻自我，或是不等待男性便自己完成的浪漫等等等，便都是教育型的夢想（公開的用歷史或潮流或異國情調來教育你花錢，以實現本來就不存在的夢想）。至於啓發型的夢想，則是點出消費者壓抑的或潛藏的慾望，這比較偏向發掘insight，接著塑造並以夢想的姿態呈現，然後回頭賣給消費者。舉幾個例子：購買高價位的珠寶鑽石，是為了對自己好一點（因為沒有人對你好，或是別人對你不夠好）；花錢購買減肥藥物或參加減肥課程的終極原因不是因為你真的肥，更不是為了健康檢查的指示，而是為了降低生活中任何事情失敗的可能──這很籠統，我知道，但這是事實──減肥的女人是為了自由心證的成就感。只要瘦，就美，就可能會發生美麗的愛情，就可能沒有遺憾，就可能改變人生，就可能會達成任何你要的成就。這是啓發型夢想，也就是說雖然瘦了並不保證達成夢

想，但女人失敗的原因必定是出於你不夠瘦。

啓發型夢想也適用於男性，例如：二十歲的男人該散發什麼樣的男人味（最適合用於服裝、皮夾、刮鬍刀等等）？三十歲又該具備有什麼頭銜或資產？如果你還沒有打扮下那些玩意兒的話，沒關係，來看高級腕錶、高價車，這是代表你將會得到那類階級地位身分的象徵。十五歲到四十五歲的男人有什麼人生戰場是更值得夢一場的？運動場？球場？這就對了！運動用品不僅啓發也滿足高不可攀的、世界級的、絕對內在的夢想。

夢想，是創造消費的完美藉口，值得用在每一種商品上。

回頭是岸

這一段絕對是給「夢想買家」看的（也就是消費者啦）。

首先，這個世界充滿了夢想，請務必選擇「屬於自己的」去實現，而不要去追求別人的夢想。這有助於你省下很多循環信用利息。

還有，這個時代的夢想是有商業價值的，是要花錢的，而唯有花大錢，才彰顯得出「夢」這個字。所以千萬不要把夢想跟理想混為一談。這一點將有助於你在考慮價格時也考慮到財務狀況。

另外，夢想，到底是用來夢用來想的？或是用來實現的？完全取決於你自己。這一點有助於提醒你對抗廣告的眩惑。

夢想到底是什麼？不過是慾望這個詞彙的正面樂觀道德的說法。侵略性不強，光明面夠亮，被祝福的可能性高。更重要的是，為夢想花錢的金額再高，罪惡感都可以被判緩刑。

我最愛執行夢想，因為我有好多夢想，如果不去完成夢想，浪費了多可惜啊。問題是，這時代下的我有點被夢想淹沒的恐慌。因為每天總有無數的夢想在各種傳播媒體、街頭巷尾與購物中心裡等著教育我、啓發我、免費打通我消費系統的任督二脈。

唉！夢想無邊。善哉善哉。回頭是岸。善哉善哉。 ∎

本文作者為趨勢觀察者

關於夢中情人之FAQ

在夢裡還是夢外，夢中情人總是撲朔迷離，
讓人心裡不禁產生很多疑問。

文—馮光遠

Q：請問夢中情人大都具有什麼樣的特質？

A：簡單地說，大部分的夢中情人都具有朦朧之美，這個道理很明顯，因為很多人平常都戴眼鏡，睡覺時把眼鏡脫下，在夢中與情人相會時，怎麼可能把對方看得清楚、看得真切，於是一切都在朦朧中進行，直到鬧鐘響起。這也是為什麼有時候一個人在現實世界裡偶遇夢中情人，才發現自己是多麼的荒謬，有這種認識，因為那個時候他眼鏡是戴在腦袋上的嘛。

Q：我的朋友幾乎都有夢中情人，我卻從來沒有，請問像我這樣的情形普遍嗎？如果不普遍，我應該如何改進？

A：沒有夢中情人其實是件挺平常的事，不要去羨慕那些有夢中情人的人，他們的日子不見得好過，我舉個親身例子。前幾天我在夢中跟夢中情人幽會，我依約到她的旅館，不料在大廳就被她的經紀人攔下，「來跟小玲約會的？」「嗯，是的。」「號碼牌拿了沒？」「號碼牌？沒有！」「來，先領號碼牌。」經紀人給了我一張號碼牌，336號，然後領我到一個房間等待，小小一個房間，塞了三百多個依約前來跟夢中情人共進晚餐的各式男子，其中有不少是你的朋友，然後我就驚醒了，你說，有夢中情人又如何呢，是吧？

Q：有一天，我竟然在一個不良場所見到夢中情人也在那裡，我心碎了，請問我應該怎麼辦，換一個夢中情人嗎？

A：這個問題所顯示出的真正嚴肅的課題是，你在那裡幹嘛？

Q：請問夢中情人跟真實情人的差別在哪裡？

A：跟真實情人約會，當你跟對方說「等一下，我去上個廁所」，你真的是去上廁所。可是跟夢中情人約會，你說「等一下，我去上個廁所」，那我祝福你，因為等你上完廁所，很可能發現怎麼又尿床了。

Q：我最近參加了一個尋找夢中情人的活動，結果白忙一場，請問我可以向主辦單位索取賠償嗎？

A：當然可以，如果你對索賠的程序不熟悉的話，我們可以介紹一個夢中索賠的公司給你，保證是註冊有案、正派經營。

Q：不同年代的人，夢中情人是否也會不一樣？

A：在《星際大戰》的電影出現之前，大家心目中的夢中情人大致都很類似，兩個眼睛，有的戴眼鏡有的戴假睫毛，一個鼻子，有的隆過有的沒有，一張嘴，有的話多有的話少，大概都差不多。可是自從《星際大戰》面世，許多人的夢中情人就有了根本的改變，R2-D2或者C-3PO之類的機器人、絕地大師尤達這種外太空智者、長脖子的卡密諾外星人或者如達斯西帝之類的邪惡角色，都可以是夢中情人，從此，夢中情人的遊戲規則完全改寫，相不相信，有人看到著白色盔甲的帝國風暴兵，就開始心中小鹿亂跳。

Q：我是個準留學生，在台灣有個夢中情人，過一陣子要去美國念書，應該把夢中情人一起帶去嗎？

A：帶他去幹嘛，他能幫你適應新環境嗎？還是他的英文比美國的夢中情人還要好，可以提升你的英文程度？帶夢中情人出國通常不是一個好主意，夢中情人應該像拖鞋一樣留在國內，出國後在當地再找一雙就是了。

Q：請問，我們應該把夢中情人當作心靈伴侶，還是慾望對象？

A：這要看夢中情人有沒有超過十八歲，就算是在夢中，也最好不要犯法。

Q：哪一種人最容易成為別人的夢中情人？

A：當然是自己嚕。每個人都認為自己是別人心中的夢中情人，「自戀」這個名詞的出現，就是源於這種心態。不相信的話，你在一群美眉後面高喊一聲「我的夢中情人」，前面的美眉，也許除了一個人之外全都回眸一笑，唯一沒有回頭的那位，原來前一天落枕，脖子根本轉不過來，她後來當然急哭了。

Q：那天，夢中情人竟然打電話來，說想跟我約會，請問我該如何反應？

A：首先，確定對方是你的夢中情人，這是一個詐騙集團橫行的時代，退稅可以是騙局，中獎可以是誆你，以愛情為名的欺騙更是充斥在百貨公司的精品店裡，所以對方想約你，千萬不可因此樂昏頭，還是要有一個驗證的程序，「請問尊姓大名……你的星座是……我們最近一次在夢中相遇的場景是……」諸如此類。

Q：我有好幾個夢中情人，請問約會時要如何安排才不會穿幫？

A：像你這麼有才氣的人，就算穿幫又何妨，沒有人會怪你的，大家搶著跟你約會都來不及了，是不？重要的是，約會的時候，不要忘了把藥帶在身上喔！

Q：夢中情人如果劈腿，如何處理？

A：你可以寫信給八卦雜誌，向他們告密，「我的夢中情人對我不忠，你們看著辦吧」。通常他們會把你的申訴轉給另一個八卦雜誌，希望對方在這件事情上浪費一些人力，或者直接要你去看夢中心理醫生。

Q：請問哪裡可以找到羅智成的夢中情人？

A：台北市新聞處長兼詩人（也有人說他是詩人兼台北市新聞處長）自從結婚之後，早就安分守己，跟所有的夢中情人斷絕往來，你不要在這裡害他。如果你問的是他的詩作《夢中情人》，以後請記得加個書名號，這本書，各大書店都有售，如果店裡沒有，那就是書店不夠大。　　　　　　　　　　　■

本文作者為情場高手

百週年或是做十字軍東征，因為我們不在那個主場裡。我們做成吉思汗西征和鄭和下西洋，外國朋友會欣賞你，但他們不容易來跟你競爭，台灣人才有可能和外國搞探險的朋友平起平坐。

我認為探險精神會對國家民族的活力注入兩個東西，一個是「多元」，一個是「創意」。從1900年前後列強瓜分中國到現在這一百多年來，中國人在全世界的探險領域幾乎缺席，還變成別人探險的對象。但其實中國人的血液裡面從來不乏探險基因。兩千一百三十八年前，漢武帝時就有張騫通西域，那時候地球是圓的扁的還沒人知道。後來還有法顯和尚、玄奘取經到鄭和下西洋。只是我們太久沒做，就忘記了。

台灣的海洋文化更是需要大力提倡的。台灣是一個海島，海岸線那麼長，但我保守估計，我們民間的海事能力，輸德國五十年以上。2003年我先和一個德國船長及一個老水手以木造機帆船航行了一個月，從泰國到新加坡，一邊體驗小船在海上的生活，一邊跟他們學玩帆船。這兩個德國人，年紀只比我大幾歲，他們從孩童時期就開始玩帆船了，已經玩了四十年以上。德國海邊家家戶戶都造木帆船，每個人從小就玩。我是在基隆出生的小孩，念海洋大學，在船上工作過，但老實講，我對海還是很陌生的。

我那個老水手朋友在德國就住帆船上，沒事一個人拿個GPS就到北海玩帆船去了。一條七、八公尺的西洋帆船大概一百多萬，而年輕人在台灣買一棟房子最少五百萬吧，你幹嘛一定要住房子呢？台灣港口的基礎設施如果規畫好，船靠岸方便加油加水，接岸電、電話線和ADSL，你買條船住船上就好，很舒服嘛。而且最重要的是你還有行動能力。一般我們出國旅行最貴的就是飛機票和住宿，如果你有一條船，你就有能力去全世界，交通住宿費都省了。所以說，所有的中產階級全都給誆了，買個房子二十年分期付款，你就掛了，就很難有夢想，或者應該說就很難去執行了，房貸就是夢想的最大

殺手之一。

行動第一優先

歷史文化的主場優勢找出來以後，你還是得好好打球，不然也是會輸球。如果我們要出來組織世界級國際性的探險活動，不能只是探險領域的人出來做而已，這樣力量太單薄。所以我找的這三、四十個朋友，大概有五個領域。首先，探險界的朋友為主。第二個，文化學術界的人一定要進來。第三個，我們需要媒體做宣傳和教育。第四個是企業。最後一個領域就是像我這樣做行銷的人，負責把資源結合在一起，營造出更大的力量。

在千禧之交，2000年4月，蒙古人當初西征的時節，我們的「壯遊萬里」系列探險活動首部曲——「尋找成吉思汗遠征隊」，從成吉思汗的故鄉烏蘭巴托出發，走了快兩年，途經十二個國家，行程超過九千公里。這期間媒體相關報導大概有七百多次，引起了國際探險界與學術界高度重視。

二部曲也就是這次鄭和八下西洋的計畫，希望能在今年年底出發，因為今年是鄭和下西洋六百週年，十二月正是東北季風來臨，鄭和每回出海都在這時候。我從2000年開始籌備，和大陸中央地方官員、文化學術界、媒體、造船老師傅、玩船的人……密切接觸，每年去四、五趟，可以說整個籌備過程也是一種explore。我們預計請大陸的老師傅打造一艘中國式木造帆船。中國式帆船比較少人玩過，而且造型又漂亮。現在會造木帆船的老師傅很少很少，都七十幾歲了。他們也很想造我們的船，說這輩子大概也就再造一艘木帆船了。

這一回的計畫和資金籌募等各方面，難度是成吉思汗的三倍以上。不管怎麼樣，山河探險協會一定盡最大可能要有個行動，行動第一優先。不能光說不練，不然叫作夢想協會就算了嘛，哈哈哈。找得到錢有找得到錢的做法，找不到錢有找不到錢的做法。我們的目標是造一條二十五公尺的船，要兩千萬。如果錢不夠，就造十

五公尺的，造價約三分之一。如果還不行，搭便船也可以旅行，我們就到一個個港口去搭便船，大大小小的商船、漁船、遊艇等，那也很有創意啊，故事也會很多。所以擔心什麼，只要盡完所有的人事，就聽天命了，所以我每天當然要笑囉。

要把夢想記下來

當然你一定要有熱情，要有passion，才會覺得好玩。我決心去做這件事，跟環球徒步的經驗有很大關係。那段時間所培養的樂觀進取的精神與堅定的意志力，已成為我的精神力量與身體記憶。人生中如果沒有這樣的重大探險經歷的話，那熱情不會出來。

人生很短，以我自己的經驗，我認為每個人大概在三十歲左右會停下來，往前看看往後看看，想想過去這三十年幹了些什麼事情，以後想幹什麼事情。但是三十歲的時候還是太年輕，不太在乎，然後就繼續如常過日子了。到了四十歲，你又會停下來一次，又回頭看看過去四十年是怎麼過日子的，要怎麼改變。這可能是最後一次，之後再改變的可能性就低了。四十歲是最成熟的時候，事業歷練過了，感情也歷練過了，該嚐的都嚐過了，剛好有能力去選擇。當然很多朋友還是按照routine的日子就過完人生，但是有些人就變了。我覺得應該有些人要變，這樣這個社會和世界才比較好玩嘛。

要實現夢想，先要把夢想具體化。比如說你想要環遊世界，像我們那樣環球徒步的機會可能不是那麼多，要用完整的一兩年去環遊世界也比較難，因為你可能有家人有工作。那麼你可以分段去做，比如說每年去一個月。首先你要做計畫，包括每年要存多少錢、要做什麼事情，一一列出來，不然想完就沒有了或是忘記了，因為我們過日子有很多其他的事情。但如果你記下來，沒事幹就拿出來看看，隨時update一下，計畫就會越來越完整，夢想就越來越可能實現。

夢想的大小要以自己為準，跟你自己比，自己進步

就行了。實現夢想其實沒有那麼難，首先，只要對你想做的事情有幫助的，你看自己缺什麼能力，就得主動去學。第二，團隊很重要。就算你天縱英明，一個人可以當兩個人用，但也不可能當三個人用。所以一定要交朋友。大多數人都是物以類聚，但是你還要交一些特別的朋友，就是跟你完全不一樣的人，而且要當好朋友交。我們這一路做下來都是靠各式各樣的朋友，企業、媒體最後也變成朋友。朋友也要多元，創意才會出來，所以越早跳離物以類聚的階段越好。

不能半途而廢喔

現在我將自己定位為幕後主事者，而不是執行者。因為更重要的是傳承。我也會老，到時候要有人出來接手，一定要他心甘情願才行。只有親身有過重大探險經歷的人，未來才可能下定決心來做。如果執行的人是將才，像演員一樣，後面製作群就是帥才。帥才不培養，只有將才事情做不大，一定要帥才來把力量都集結起來才能多元有創意。未來我還希望能把我這幾年這些組織經驗做好資料整理，往後出來玩探險的人，就不用跟徐海鵬1999年一樣，從基礎上開始又重做一遍。

探險的夢想力量是很大的，而且會無限延續。上回一個新竹寶山國小老師黃恆心，是我國小同學，我們三十幾年沒見面，他這幾年一直以夢想來教導小朋友。他在報上看到我的消息，帶了三十幾個小朋友、十幾個老師來找我，就在我的辦公室坐在地上看我放power point。講完了，小朋友還捐錢給我，五塊的十塊的一百塊的，捐了一袋錢大概兩千多塊！來我這邊之前，黃恆心要小朋友一人畫一張漫畫給我，他們知道我是「海鵬」，在基隆出生，就畫了船啊、海鳥啊，還有人在上面寫：「你不能半途而廢喔！」讓我壓力很大，哈哈哈！這些小朋友，肯定有幾個以後會做出一些特別的事情來。

與卡兒哈甘的邂逅
崎山克彥和他的天堂島

「眼前的沙灘遼闊，到處都是隨波上岸的海草。
遠方是一片廣闊而水面平靜的大海。藍藍的天飄浮著朵朵白雲。
……今天又是風和日麗的一天；現在正值安靜的午後。」
《把家搬到喜歡的地方去》

採訪整理—冼懿穎　　攝影—陳雄

崎山與妻子順子

《藍色珊瑚礁》（*Blue Lagoon*）是八〇年代經典的愛情電影，除了因為主角是俊男美女（十五歲的布魯克雪德絲！）外，令人難忘的還有大海、藍天、小茅屋和熱帶水果……不過，遇上船難流落荒島應該不會是一般人希望過的島上生活。

有一個人，他的小島生活，始源於一個機緣、一股衝動和一份實踐。52歲那年，崎山克彥（Sakiyama Katsuhiko）辭去講談社的工作，就在一次到菲律賓宿霧潛水時，機緣巧合下成為了一島之主。

那次潛水之旅，崎山登上一個大小有如東京巨蛋（15,000坪左右，位於宿霧島東南方約15公里處）的美麗小島——卡兒哈甘島（Caohagan Island）。崎山被天堂般的環境所吸引，當下就決定要把她買下來。耗盡了工作三十七年所換來的一千萬日圓退休金，崎山終於成為卡兒哈甘的島主，在1991年移居該島，並且在那兒經營了一家小旅館。

事實上，在小島上生活並不是踏在雲端那麼夢幻，更需要面對、解決各種實際的生活問題。崎山初到卡兒哈甘島，在還沒有電力之前就是靠著點小油燈來照明，

一盞油燈所消耗的油錢也並不便宜（每天約需十披索以上），不過夜幕低垂綴著點點燈火讓小島美得像人間仙境。後來崎山花了五千美金購了一套太陽能電力供給系統以及發電機進行供電，算是解決了電的問題。此外，由於觀光遊客數目增長帶來了衛生問題，崎山採取「利用EM菌使之回歸大地的方法」（一種淨化水源的處理方法），以及與島民一起參與撿垃圾的行列——「由於我的加入，島上的玻璃碎片也幾乎變得消失不見。」

崎山有一種心志，就是希望自己能在卡兒哈甘島創造新的生活模式，為這個島以及島民做點事情。崎山展開了一個「復興過去粗具規模的漁業」企畫案，協助島民發揮自己純熟的漁獵技巧，漁獲也因此而增加了。他相信要改善島民的生活，還是要從做好學校教育開始，他成功把島上原來兩年的國小教育，爭取到六年。島上一位小女生Judy就是在他的幫助下，到了日本京都立命館亞細亞太平洋大學留學。「現在的我絕不是想在這裡賺錢，而是希望我們每個人都快樂，大家可以經常地聚在一起，同時生活品質更加提高。」崎山不只實現了自己的夢想，也帶了實現夢想的機會給卡兒哈甘島的島民。

與崎山分享他的買島經驗

Q：為什麼要買這個島？她有什麼地方吸引了你？

A：其實「海」、「南方」、「島」等等映像，在年少時已經在我腦海裡存在了，但是要把一個南方的島嶼買下來，卻並不是我一直以來的夢想，這是後來才有的想法。有一次，我和一位菲律賓的朋友一起下海潛水，當時他指著一個島嶼跟我說：「那是我見過最美麗的島嶼，現在正在出售。」第二天，我就把這個島嶼和自己一直以來「海」、「南方」、「島」等映像連結起來。這個島嶼，像是一個美麗的，具有魅力的女性——一種說不出來的感覺。

Q：買島的過程是怎樣的？曾經面對過什麼難題？

A：我找了一位值得信賴的菲律賓律師，委託他去處理。困難的地方在於菲律賓不會把島嶼賣給外籍人士，只有菲律賓的法人才有資格買。外國人若要合法持有菲律賓島嶼，可以跟菲律賓的法人合作開一家公司再用這個名義去買。菲律賓的法人可以占60%或以上的股權，而外國人則只能占40%的股權。我覺得土地的價格相當便宜（一千萬日圓），還包括律師費以及成為土地持有者後所需要解決的後續費用。

從決定要買這個島到拿到了合法的所有權（1989

年），前後大概花了一年半的時間。我跟這個島初遇時，這裡完全還沒有被開發，從那個時候開始蓋房子，大概花了五百萬日元，用一年左右的時間去完成。所以，只要仔細的一步一步踏實去做，就應該不會有什麼問題。

Q：島上的生活帶給了你什麼寶貴、快樂的體驗？

A：這裡是有五百個島民居住的地方，我尊重他們的文化，也從他們身上學到了很重要的態度，一些非常棒的生活智慧。我能夠跟大自然共存，和島民間產生了一種深刻而互相信賴的關係，以及建立了一個互相幫助的社區，因此我可以在這裡過著平順的、快樂的生活。在大海、大自然和大宇宙的包圍下生活，生活至此，夫復何求？這就是人生的全部，這種價值觀是我從沒有過的，而這樣的生活也是現在日本社會所欠缺的。

Q：對希望成為島主的人有何建議？

A：以生活這件事來說，如果沒有了解島嶼和都市生活兩者的不同，而帶著生活在都市的觀念來到這裡、沒有融入這裡的生活的話，那沒法做的事情就會有很多，也就沒法實現大而具體的夢想（編註：崎山先生連email也沒有）。

Q：你下一個想實現的夢想是什麼？

A：我跟五百個島民生活在一起，跟他們共同在大自然裡過著豐富的生活，我希望能保有這個夢想。很多人曾經到訪過這裡（我們在這裡經營了一家旅館「Caohagan House」），如果他們能夠從這裡學到如何朝更好的方向去改變自己的生活，這就是我的夢想。　　　■

如何購買一座小島

山口島、木村島……也許將會有愈來愈多以日文命名的菲律賓小島出現。日本HIS株式會社和菲律賓航空公司合作，用對獎方式向日本遊客推廣菲律賓旅遊。得獎人士可以獲得菲律賓班詩蘭（Pangasinan）某小島爲期一年的命名權，抽獎將於明年（2006年）四月進行，共有二十五個名額。

這種小島命名權也許只能短暫滿足人們成爲島主的慾望，要擁有專屬自己的島國不是容易實現的夢想。網路上有許多房地產仲介公司的網站，代理世界各地的島嶼賣買交易。有興趣的人首先可請仲介公司提供島嶼買賣最新的市場資訊，包括：該島的地理位置、大小、特色、售價等等。選定一個理想的地區或某個島嶼後，可由仲介公司安排下先前往該島作實地考察，這是十分重要的（有些賣主可提供短期租約）。不只是考察島上各方面的發展情況，還有實際感受那兒的氣候、自然生態、民風等。

接著便是由仲介和律師的協助下辦理買賣的法律手續，如查核該島擁有者、簽訂正式的買賣合同（Agreement of Purchase and Sale）、向當地契據註冊局（Registry of Deeds）登記擔保契約等等。成功買了小島後，有些仲介公司也會提供有關島嶼發展規畫的服務。

注意事項：

●售價：從一萬多美元約幾公頃的蘇格蘭岩石小島，到一百多萬美元53英畝的斐濟Tilagica小島。影響島嶼市值的因素包括地理位置、供應量、面積、與內陸的距離、島上及對外交通、氣候、地形、基礎建設（道路、房子等）、島上人口、重新開發的潛力、政治狀況，以及島嶼買賣時所牽涉到法律和稅務問題等等。

●所有權：並不是所有國家都容許外籍人士購買該國島嶼，像菲律賓便是。外籍人士獲得島嶼擁有權的情況，可以是繼承已逝世的菲律賓籍妻子或丈夫的遺產。又或是開發島上的旅遊事業的外國投資者，則可有島上建設的擁有權。

●水電能源：島上是否有乾淨可飲用的水源？如果有，是穩定、可持續的嗎？島上已經有儲水設備嗎？通常面積愈小的島嶼愈難開發水源，有些以收集雨水爲主要水源。島上大部分的電源來自太陽能發電系統，一些較「豪華」的島嶼則會有電纜和電話地線。

●打理：你打算把小島當作長期居住地還是作爲度假地？如果只是用作度假用，那你不在的時候必須要聘請可靠的人來打理小島，以防不法之徒到島上進行破壞。

●交通：離島最近的機場和醫院在哪裡？島上有沒有碼頭？你比較喜歡遺世獨立的小島，還是保留和外界較頻密的連繫？

●娛樂：誠實問自己——你是否可以忍受沒有便利店、飯館、戲院等五光十色的生活？你是否懂得與大自然和諧共處？

●生活技能：學會駕駛修理船隻、使用無線電、修理電器、潛水以及基本的求生技能是最理想的。

有關崎山克彥島上生活點滴以及南之島Judy的成長故事，可瀏覽：www.kentei.co.jp/jast/southern

如何擁有一顆星星

　　如果有人說要把天上的一顆星摘下送給你，這頂多是一個口頭承諾；如果有人說要花錢送你一顆以你名字命名的星星，這筆錢還是省了吧。網路上有不少商業星星註冊公司聲稱只需花一筆錢，就能幫顧客完成命名星星的美夢，或是作為送給喜歡的人一種別出心裁的情人節或聖誕節禮物。一般這種「星星命名組合」包括：一張印有由你命名的星體登記證書（還很貼心的寫著「Every time we look at your star, we will remember your smile.」諸如此類的押韻句子）、星體位置圖、該星體在天文望遠鏡下的「大頭照」、跟天文及神話有關的辭彙等等。當然，你願意付的價錢愈高（大概五十到七十美元），你獲得的組合製作得愈精美。

　　殘酷的事實卻是，星體正式的命名是由國際天文聯合會（The International Astronomical Union，簡稱IAU）所負責，星體名字是按照星體在太陽系的位置而命名，通常是一系列參數，或是傳統來自阿拉伯神話的名字。IAU強調他們並沒有跟任何商業團體合作，亦不會承認哪一顆星是屬於某一個人，因為他們認為「一個美麗的夜空不是用作售賣的，而是所有人都能免費欣賞的」。那些星星註冊公司所發的所謂「證書」也並沒有法律效力，而且同一顆星也可能會被不同的星星註冊公司賣給不同的人，而非一人專有。（冼懿穎）　■

史上最速 3 毫秒機種

全球極速搶先上市！

ViewSonic

VX724／VX924

全球最快液晶顯示器VX924　超過60個國際大獎的榮耀與肯定！

高倍速競爭時代，唯有極速反應才能領先潮流！全球視訊科技領導品牌 **ViewSonic®**，以獨創的 **ClearMotiv™** 第二代動畫清晰顯像技術再次突破不可能的任務，領先全球推出極速3毫秒液晶顯示器，有效提升灰階到灰階以及由黑到白的反應時間，螢幕保證無亮點；無論使用動態多媒體視訊或3D遊戲，都能徹底杜絕殘影現象、流暢每一個畫面！全球反應最快、國際肯定最多的VX924液晶顯示器，邀您一起來體驗萬眾矚目的極致視界！

優派國際股份有限公司　9：00 am～9：00 pm尊榮服務專線　0800-061-198　**www.viewsonic.com.tw**

打出你的夢想原形！

做夢人人都會，不管是不是痴心妄想、胡思亂想、還是築夢踏實，
美夢成真絕對是人人都希望。檢測你從小到大的生活經歷，模擬一下未來假設。
夢想家們，準備好要看看你的夢想原形了嗎？

文—波小本
插畫—潘昀珈

01. 小時候，當你吹出一個超大的肥皂泡泡時，你的反應是？
A. 看著泡泡它自己破滅
B. 用手指頭直接戳破它
C. 在泡泡旁邊手舞足蹈拍手叫好
D. 不理會它繼續吹出一大堆泡泡

02. 在你小時候閱讀的書籍當中，哪個選項是你偏好的閱讀類別？
A. 偉人傳記
B. 百科全書
C. 民間傳奇
D. 童話故事

03. 回想一下兒時讀過的《賣火柴的小女孩》，換成你是作者，你會選擇安插怎樣的工具給小女孩許願製造夢想？
A. 一個燭台
B. 一面鏡子
C. 一顆水晶球
D. 一支麥克風

04. 小時候看到喜歡的玩具，爸媽不肯買，你的表達方式是？
A. 緊抓著玩具不肯放
B. 露出閃閃發光的眼神展開哀求攻勢
C. 哭著賴在地上死纏爛打硬是要買
D. 站在原地發悶不說話

05. 求學階段，當你唸到國父革命十一次才成功推翻滿清，你的看法是？
A. 「騙肖ㄟ，世界上哪有這款人！」
B. 「怎麼這麼遜，先前的十次搞屁啊？」
C. 「你不累嗎？換成我絕對沒辦法？」
D. 「太厲害了好有毅力，給你鼓鼓掌～」

06. 大考考試作文題目「我的願望」，對你來說，是個怎樣的題目？
A. 一個十分八股沒有意義的題目
B. 早已經想好要怎樣下筆的題目
C. 遲疑許久不知怎樣下筆的題目
D. 應該是會寫得斷斷續續的題目

07. 即將進入職場的前夕，會讓你焦慮的主要原因是哪個選項？

A.「真糟糕，不知道我的服裝穿起來得不得體？」

B.「怎麼辦？萬一我表現不好會不會被踢出去？」

C.「我的天！以後就每天都要早起了啦！」

D.「好煩啊，不知道這個工作有沒有辦法做很久？」

08. 在職場上，你會覺得你遇到困難阻礙時的反應比較像？

A. 刻苦耐勞絕不氣餒的長今（《大長今》）

B. 傻傻去做無怨無悔的阿甘（《阿甘正傳》）

C. 阿諛奉承舌燦蓮花的韋小寶（《鹿鼎記》）

D. 聰明絕頂反應靈敏的妙麗（《哈利波特》）

09. 下班回家的路上，買了一張大樂透，幸運中了樂透頭獎，獎金10億元，中獎後你會？

A. 把持住興奮，不告訴任何人我是「猴芽郎」（有錢人）

B. 打電話給親朋好友，歡迎大家來「甲昂」（吃紅）

C. 馬上把工作辭去，離職單甩在老闆的臉上

D. 消失在這個世界，隱居到一個只有海的地方

10. 承上，後來發現原來是對錯了號碼，這時候你的msn狀態會改為？

A.（狀態顯示為暴食暴飲ing）

B.（狀態顯示為正蒙著枕頭尖叫）

C.（狀態顯示為開車狂飆揚長而去）

D.（狀態顯示為我的告別式即將在明晚舉行）

11. 如果現在有一台「夢想販賣機」，只要投下十元硬幣就可以買到一個易開罐裝的夢想，什麼時候你會想打開罐子許願讓夢想實現？

A. 現在立刻打開罐子許願

B. 過一陣子再打開罐子許願

C. 捨不得開，不是緊要關頭絕對不會使用

D. 笨！當然是把整台夢想販賣機搬回家先

12. 員工旅遊的時候可以選擇一種旅遊工具環遊世界，你會選擇？

A. 滑翔翼

B. 熱氣球

C. 飛天毛毯

D. 波音747

13. 退休後，某天獨自登上玉山準備攻頂，會令你迷路或無法在時間內登上山頂的主要原因是？

A. 半途殺出一隻飢餓兇猛的動物，逃跑時亂了方向

B. 流連沿途美景風光，忘了在路上留下記號

C. 因為背了太多糧食，腳步蹣跚行動緩慢

D. 到了山上才發現忘了帶地圖

14. 承上，當你登上了山頂，看著山頂上的日出，這時候你會大吼什麼？

A.「我終於來了了了了了了……」

B.「玉山我終於比你高了吧吧吧吧吧……」

C.「下次我還要來來來來來……」

D.「山腳下的懶鬼起床了啦啦啦啦啦啦……」

15. 活了這麼久，你覺得你的夢想的形狀是？

A. 不規則形 　　C. 線型

B. 樹狀形 　　D. 圓形

評分量表:				
選項 題號	A	B	C	D
(01)	4	2	1	5
(02)	5	4	2	1
(03)	2	3	1	5
(04)	3	1	5	2
(05)	2	5	0	4
(06)	0	5	2	4
(07)	1	2	4	5
(08)	2	1	5	4
(09)	4	5	1	2
(10)	2	1	3	5
(11)	1	3	2	5
(12)	1	3	5	2
(13)	3	1	2	5
(14)	1	4	5	2
(15)	5	3	2	1

25分以下
夢幻華麗的愛夢者

夢想原形：一顆晶瑩剔透的玻璃球

夢想能量：雖然是小橋流水，但細水流長

常有的夢想：開個人演唱會、擁有一座摩天輪、成為頭等艙空姐、因為結識小開而嫁入豪門

夢想軌跡：夢想→幻想→胡思亂想

　　你的夢想是個晶瑩剔透的玻璃球，不只易碎要小心輕放，還得時常擦拭保持光亮。症狀比較輕微的人，在遇到困境時容易恍神陷入一個完美夢想的狀態。症狀嚴重的人，則是時時刻刻都會跟自己的幻想對話。建議你在做白日夢的時候請稍為跳脫喊一下「STOP！」思考一下為什麼會產生這些幻想和幻想當中強烈出現的慾望（或是希望擁有的能力），再檢視一下日常生活當中的你是不是缺乏這些情節的實踐勇氣，可幫助你踏上自我實現的途徑。

26～40分
步步為營的護夢人

夢想原形：一粒已經孵了N年的雞蛋

夢想能量：10W的燈泡（有希望、有亮光，要孵蛋、不太夠）

常有的夢想：我想買樂透中大獎（但是怕買了浪費錢）、我想要去環遊世界（但是怕自己不懂太多語言）、我好想買一棟房子（但是又怕買到不好的風水）

夢想軌跡：夢想→猶豫→夢想→猶豫

　　跟上個類型比較起來，這類型人的夢想充滿理智的成分，規劃能力或現實面的考量也較為清楚。不過，夢想成功的原動力有二：（1）一股堅持的傻勁。（2）邏輯、方向感十分清晰。而這類型的人雖然邏輯清楚，卻沒有那股傻勁，可說是「算盡機關太聰明」，往往成為實現夢想的絆腳石。建議你拋開生活的負面情緒，多注意每件事物的積極面。以你的能力絕對有辦法把生雞蛋烹飪成一道美味可口的蛋料理噢！

41～55分
務實積極的夢想家

夢想原形：一粒生長力強壯的種子

夢想能量：畫出夜伏的日光、一波波的海浪

常有的夢想：高山攻頂、年收入突破百萬

夢想軌跡：夢想→實踐→夢想→實踐

　　你是個會做夢，又會把夢的細節記得一清二楚，將虛幻轉化為現實力量的夢想家。你天生就擁有一股捕夢的能力，但是讓你夢想實踐的最大因素，在於你懂得潛伏蘊積實力，遇到困難不會躊躇，而是想辦法排除或繞道而行。就像一顆等待發芽的種子，懂得在適當的時機成長茁壯。不過這類型的人雖然夢想實踐能力夠，但是能量較強的人，在道德層面上也要小心把持，偶爾會為了成功不惜採取非常手段。

55分以上
衝撞躁動的吹夢師

夢想原形：一團紙黏土

夢想能量：間歇泉、龍捲風

常有的夢想：成為第一個登陸火星的地球人、從尼加拉瓜瀑布上面跳下來、列名金氏世界紀錄

夢想軌跡：夢想→幻想→異想→狂想

　　你是個很會串連夢的人，把每個夢跟夢不斷連在一塊，以致於系統龐大。行動力十足，遇到你有興趣的事情，隨時有一股爆發的能量。在你的內心層面，沒有痛苦或者是傷害這件事，只有一團可以天馬行空隨意捏塑夢想形狀的紙黏土，也因此你時常有些異於常人的想法。建議你在實踐夢想之前，先想想這些夢想實踐的必要性，如果只是為了獲取掌聲，倒可不必。試著把情緒上的一時衝動導入務實面，可使你在不同領域開花結果。

本文作者為文字工作者

與夢想有關的50本書
4本和其他46本

與夢想相關的網站推薦詳細介紹與內容，請上網查閱，網址為：

http：//netandbooks.com/Taipei/magazine/no19_dream/web.html

《革命前夕的摩托車之旅》（The Motorcycle Diaries）

切‧格瓦拉（Ernesto Che Guevara）／著 梁永安、傅凌、白裕承／譯（大塊）

就在二十一世紀的今天，我們的學生還在跟教官寸寸計較頭髮長短的時候，這位切老兄在更早五十年前就已經很瀟灑的跟有錢的醫生老爸Say bye bye，騎者摩托車刻苦耐勞的環遊拉丁美洲了。

這位被沙特譽為二十世紀最偉大的革命英雄，並非自小就家徒四壁，顛沛流離。相反的，出生於生活條件優渥的中產階級，加上俊美的外表以及進入令人稱羨的醫學院就讀，畢業後，大可優雅的做布爾喬亞貴族。

是什麼原因，讓他決定冒著隨時會被氣喘奪走生命的危險，進入充滿瘴氣的熱帶雨林，在槍林彈雨中，建立他夢想中沒有資本剝削，沒有階級壓迫的應許之地？這本日記，應該有些蛛絲馬跡，供我們去推測。

當然，在這本日記中，除了最後一篇應該是旅遊結束後補充的後記稍微透露出線索之外，我們並無從判斷格瓦拉何時起心動念，決定將生命奉獻於革命。但是我們可以不斷感受到拉丁美洲的同胞所受到的痛苦以及帝國主義的壓迫——藉由格瓦拉的眼睛。

在照相手機還沒有發明的那個年代，這本遊記並沒有美美的湖光山色照片供我們發出驚嘆。但也因為如此，我們更可以藉由純粹的文字，想像拉丁美洲的壯闊波瀾。也可以細細體會出格瓦拉特有的幽默，悲天憫人的胸懷即將要把滿腔熱血傾倒在他神聖的拉丁美洲土地上之前的寧靜。

這段笑中有淚的旅程，有著年輕人無所謂的瀟灑與搞笑，卻沒有十年一覺揚州夢的紈絝氣息。有深入鄉間，親觸生老病死的臨床見習，卻沒有斯人獨憔悴的滿腹牢騷。

章詒和在其《最後的貴族》一書中，曾寫到一位被反右鬥爭的部長在被批鬥後，仍然堅持瀟灑的穿者大衣長袍出現在聚會場合。當被問到怎麼不低調一點，還穿者像是一位部長的派頭時，他的回答堅定卻令人鼻酸：「這樣穿才像人啊。」

在現今越來越需要找理由好繼續活下去的社會，本著大無畏的勇氣，堅定執行自己夢想的格瓦拉，只會不停的激勵著後來的人們。

因為只有這樣，人才會像人！不然，只是一條鹹魚而已。（林良麒）

《堂吉訶德》（*El Ingenioso Hidalgo Don Quixote de la Mancha*）
塞萬提斯（Miguel de Cervantes）／著 屠孟超／譯 （遠流）

吉訶德，一個沒落的小貴族，因為閱讀了許多騎士小說，因此，心中充滿幻想，希望有天能夠成為一位遊俠、騎士，然後與僕人與良騎一起行遍天涯，為了心上人而去冒險犯難，路見不平就拔刀相助，懲奸鋤惡以維護正義公理，他想要功成名就，想要流傳千古。

這一路上，他可笑荒謬的英雄事蹟，在在使自己洋相百出，對於他想幫助的人，反而成了無意中的加害者，他挑戰風車的故事，更是他發揮幻想的代表。而一路跟隨著他的僕人桑丘，即使懷疑過主人的行為，但也從不背離主人的要求（幸虧他有個寬容的主人），是忠誠，也是缺乏思索的駑鈍凡人。作者塞萬提斯寫出這麼一個天真而甚至有些荒謬的角色，只看未來而不顧現實，缺乏對人性的認識，只在想像中滿足自己夢幻，最後卻只能承認自己失敗，抑鬱以終。不過，這個傻里傻氣的吉訶德先生，卻成為文學史上眾所皆知的「英雄」，也許因為他有毫不動搖的信仰與勇氣，義無反顧地為了實現自己的理想衝撞到頭破血流。其中多少也反映了作者對於理想與命運經歷的自我解嘲。（莊琬華）

《一千零一網》（*Weaving the Web*）
提姆·伯納李（Tim Berners-Lee）／著 徐子超、張介英／譯 （臺灣商務）

1980年，伯納李在位在瑞士日內瓦的「歐洲粒子物理實驗室」（簡稱CERN）擔任軟體顧問。在那裡，有來自世界各國，母語天南地北，所學專精各異的科學家們共同從事研究；在那裡伯納李先是滿足了實驗室內同事們可以更自由地透過資訊處理系統，找著實驗室內共享的研究資源及成果，但事實上，他更進一步地滿足了人們即時用「資訊速度」突破地理距離的夢想。伯納李的發明簡直不能用「驚天動地」來形容，因為從他設計的「超文本」，接著像是「超文字傳輸協定」、「超文字標註語言」，最後到催生了「全球資訊網」──一夕之間，他的發明好像是人類已經做了很久的一個夢，當夢想成真時，所有人一點兒也不曾想抗拒地接受了它。伯納李在本書中不時提到，他的發明當初還是以資訊的搜尋和知識共享為本，想把「世界上每一台電腦連接起來」；但網路出現後無遠弗屆的力量造成的社會性使用（例如電子商務），卻遠異於他發明時對「網路世界」的期待。

他原本希望的網路是讓世界的多元聲音更趨分呈，卻又能快速合作，並且可利用網路的本質，貫穿人類社會的原有藩籬，共同編織集體生活上的藍圖──而且不是依照權勢或階級高者的設計及主導。很顯然，伯納李的發明跑在了夢想前面，他的發明願景是不是能夠實現還是問號，但他的發明本身卻好到了一種可用程度：一種我們沒時間想清楚「會怎樣」以前，就已魅惑於「竟可以這樣」的程度。（鄭俊平）

《哆啦A夢》藤子不二雄／著 （青文）

這似乎是一本不需再介紹的書了。

書中的主角是一隻機器貓，以前她叫小叮噹，哆啦A夢是現在的名字。哆啦A夢也真的和「夢」有關，她的眾多法寶陪伴了一代又一代的人，度過愛作白日夢的童年。

作者藤子不二雄，是「藤本弘」與「安孫子素雄」兩個日本漫畫家的聯合筆名，他們成功創造了大雄和哆啦A夢兩個虛構人物。嚴格說來，大雄並不算虛構，他是所有瘦弱小孩的替身：功課不好、受人欺負、挨師長責備……還好有哆啦A夢幫助他。

這隻機器貓來自未來的世界，但並不是頂尖的產品，事實上，牠還是個廉價的瑕疵貨（但應付現代人已綽綽有餘），和大雄在某種意義上是同類的。同類一拍即合，他們的生活有趣而精彩。

讓哆啦A夢成為漫畫經典的，就是掛在牠肚子上的四度空間袋。每當大雄遇到困難時，只要往內探手一拿，各式各樣的新奇玩意就會登場搭救。最反覆出現的兩項工具是時光機器和任意門，前者能穿梭古今，後者能到達各處，超越時空限制，恰巧也是所有人類的普同夢想。

哆啦A夢發跡於七〇年代，漫畫、卡通、電影風靡了無數大小讀者，至今不衰。我們或許都曾經和大雄一樣，有點懶惰、有點膽小，但心地善良，而且幸運地，有笑口常開、一身幻想的哆啦A夢陪伴著，一起成長。（藍嘉俊）

小說說夢想

《月亮與六便士》（The Moon and Sixpence）　毛姆（W. S. Maugham）／著　傅惟慈／譯　（志文）

這是毛姆以畫家高更為原型而創作的故事，主角為追求藝術的至高境界，歷經曲折一生，最後病死異鄉，只為了創造出能完全展現他內心世界的畫作。

主角原是一位相貌平凡無奇，生活尚稱美滿，社經地位頗高的證券經紀商，卻不惜犧牲一切，選擇背棄家人、背棄救他於生命垂危之時的朋友，完全拋棄做為一個人所被期許的現實與道德追求，而回到一種宇宙混沌、善惡未分之前的原始狀態，唯一專注的就是將他心中所見透過畫表現出來，一幅又一幅。這種追求旁人無法體會的理想的力量，瘋狂卻又震撼人心。（莊琬華）

《大亨小傳》（The Great Gatsby）　司各特‧費滋傑羅（F. Scott .Fitzgerald）／著　喬志高／譯　（時報）

夢想是個雙面的鏡子。它可以照出宏偉的幻象，讓人以為自己終必可以到達想像中的彼岸，就像書中的男主角一生夢想的就是搖曳在對岸的那盞「綠燈」。不能達成的夢想，當然令人失落，更為尷尬的是正因為有著先前夢想的放大，失落顯得格外可笑。

不過在夢想的完成與失落之中，還有另外一條道路，也就是在追求夢想的過程中，即使失落了也一樣顯得偉大。就像這本書的結尾所敘述的，雖然我們追求夢想時曾經撲空，不過沒關係，明天我們會跑得更快一點，兩手伸得更遠一點，總有一天……也因為這樣，本書不僅是一個愛的故事，不僅是一個關於夢想的故事，最重要的是，它是在失落中，顯現了追求夢想本身，就是一個令人動容的過程。（徐淑卿）

《白鯨記》（Moby-Dick）　梅爾維爾（Herman Melville）／著　鄧欣揚／譯　（桂冠）

復仇其實也是一種夢想，是一種因為每天在腦中反覆演練過程結局而衍生出活下去的動力。

為了報仇以及獵殺傳說中最凶惡的鯨魚，讓只有一條腿的船長有著比擁有健全雙腳的水手更巨大的勇氣。也因為這種近乎玉石俱焚的憤怒，整艘船也面臨著注定來臨的災難。

出身貧困的梅爾維爾，年輕時做過多種勞務，包括農夫、教師、以及水手等。這些較偏向底層階級的工作，讓梅爾維爾對於人性、社會、宗教等，有著一種獨特而細膩的領悟以及觀察。

本書堪稱了解鯨魚以及航海的教科書，寫實的描繪出鯨魚的習性，人類於自然搏鬥的過程與遇到挑戰時的心理轉折。尤其對於描寫人性中對於不可見挑戰的野心以及挑戰真正來臨時的怯懦，更是入木三分。（林良麒）

《駱駝祥子》　老舍／著　（金楓）

駱駝祥子原本是深信努力工作就可以獲得光明前程的勤奮青年。他的夢想並非不切實際，只希望努力拉車，而後擁有一輛自己的人力車，乃至未來開一個車廠子。但是就跟所有悲劇一樣，希望看似近在咫尺，但最後終必落空，祥子所有的努力在環境的阻擾與不順遂之下，逐步失落，他也慢慢落入他原先極力想要逃避的最底層的生活。

這樣一步一步走入沒有光明的所在的作品，只有在經歷一些年歲時，才可以體會其中的悲愴，在可怖的社會底下，個人的努力是徒勞的。這本書寄託了對於那樣一個時代，無數個生活於其中的平民百姓的同情。（徐淑卿）

《流浪者之歌》(Siddhartha) 赫曼·赫塞(Hermann Hesse)/著 徐進夫/譯(志文)

見過大覺世尊的悉達多，心中暗暗許下願望：「我也要像那樣看人，那樣微笑，那樣行坐住臥，那樣自在，那樣從容，那樣莊嚴，那樣高貴，那樣有節制，那樣坦蕩，那樣純樸而又神祕莫測」。

於是，婆羅門之子悉達多，由聰明的學者變成一位苦修沙門，又從沙門進入花花世界變為商人、富人、豪賭之人，從否定、逃避自我，重新又找回、認識自我，他曾經遠離尋求的目標，以致於一度想終結自己的生命，只是因緣際會，在河流的密語中，他，終於撥開一切障礙，證得大道。(莊琬華)

《基度山恩仇記》(Le Comte De Mote-Cristo) 大仲馬(Alexandre Dumas)/著 鄭克魯/譯(遠流)

本書是法國文豪大仲馬最膾炙人口的小說之一，描述一位年輕的水手唐泰斯，因遭受未婚妻的堂兄嫉妒而被陷入獄。在獄中，唐泰斯認識了一位博學多聞的法里亞神父，法里亞教導他各式各樣的知識和劍術，甚至在他們越獄成功後，還告知唐泰斯一處藏有億萬寶藏的基度山。重獲自由的唐泰斯就利用所得的寶藏，化身為基度山伯爵，開始他的報恩與報仇計畫。他縝密的計畫讓所有相關的人無所遁逃，善者有好報，惡者必定無好下場。這部小說當年在報紙上連載一年半，大受歡迎，成書之後傳誦至今，還不斷被改編成電視、電影。寶藏加上雪仇雪恥的情節，再加上大仲馬的生花妙筆，打動了每一個人心中的欲念和夢想，每一個人都想成為基度山伯爵，雖然沒人想承受他之前的那些苦楚。(林盈志)

《牧羊少年奇幻之旅》(El Alquimista) 保羅·科爾賀(Paulo Coelho)/著 周惠玲/譯(時報)

夢想和天命或命運有什麼關聯呢？夢想其實就是天命。當我們一步步尋找和實踐自己夢想時，無形中就是在建構著自己的命運。牧羊少年的命運轉折處，就是從他對旅行的渴望開始。旅途上他遇見了撒冷王，他替牧羊少年解夢，告訴他尋找在埃及的寶藏就是少年的「天命」，每個人都必須要完成自己的天命。作者要表達的就是夢想成真並不難，只要付出行動。

少年對自己的心說：「當我真心在追尋著我的夢想時，每一天都是繽紛的，因為我知道每一個小時都是在實現夢想的一部分。」而撒冷王所指的「神祕力量」其實是自己的心──渴望、愛、恐懼，它是助力亦是阻力。

上天最後似乎對少年開了一個玩笑，但是祂也同時讓少年明白到，他所獲得的，遠比一切金銀珠寶還多。(冼懿穎)

《夢十夜》 夏目漱石/著 張秋明/譯(一方)

這本書是〈夢十夜〉與〈永晝小品〉兩個單元的合輯。〈夢十夜〉與其說是夢中發生的故事，還不如說是如同夢一般的故事。這些故事詭奇神祕，就像露水是夜晚的詩歌一般，每一夜的夢，像露珠一樣閃現光輝，也像詩歌一樣凝練動人。

尤其是〈第一夜〉。夢中的男人用珍珠貝挖掘墓穴，用星星的碎片當成墓碑，然後如同允諾死去的女人那樣的，坐在墓前等她一百年。不知過了多久，隨著日昇月落，男人不禁想著，自己是不是被女人騙了？此時一枝綠色的藤蔓伸展過來，逐漸綻放的花苞散發百合的香氣，男人輕吻花瓣，看到遠方閃爍一顆晨星。這時他才發覺一百年已經到了。

這樣的夢，其實描繪的是生命這件事情吧。(徐淑卿)

《消失的地平線》(Lost Horizon) 詹姆斯·希爾頓(James Hilton)/著 大陸橋翻譯社/譯(商周)

不論是東方的武陵人誤入桃花源，或是西方的康威迷失在白雪瞪瞪的仙境，天上人間的迷思總是媚惑著凡夫俗子，另一個美好世界的想望總是令人沉醉、甚至無法自拔。

二次大戰前夕出版的《消失的地平線》，誕生了近世的一個新詞彙──「香格里拉」，一個文明、和善、又長壽的優勝美地。故事要從一次劫機事件說起，這群被劫的乘客因此來到地圖上無人知曉的祕境，這裡的人和善有禮又好客，卻處處成謎，在外來者與喇嘛們一來一往的答問中，香格里拉的樣貌漸漸現形，高山峻嶺、邊疆異域的風情，在作者冷然筆調下蒸餾出獨特的結晶。此書的誕生有其時代意義，也開啟了西方世界追尋香格里拉祕境的熱潮。(杜一)

《美麗新世界》(Brave New World) 赫胥黎(Aldous Huxley)/著 李黎、薛人望/譯(志文)

對於未來，我們總是期待一個更美好的世界，但是經歷兩次世界大戰的赫胥黎，在《美麗新世界》中，架構出的是科技過度控制人類的未來，人的價值與尊嚴，理性與信仰，無一不消失殆盡，在所謂「建立理想國」的虛幻前提下，人變成毫無自由、面貌模糊的群體。

唯一保有人之為人的方法，就是選擇到「野蠻的原始社會」，不過，對於自胚胎開始就受到制約的未來人類而言，要跨越的障礙，幾乎就是徹底的自我崩解，而這是何其艱難的道路。不過赫胥黎對人性覺醒的可能，總還是抱持了一絲希望。

(莊琬華)

《天地一沙鷗》（*Jonathan Livingston Seagull*）　李查・巴哈（Richard Bach）／著　林騰雲／譯　（晨星）

某句名言是這麼說的：「人類因為夢想而偉大」，的確，人類若缺乏超越基本生存需求之上的渴望，那麼就無法演化成所謂的「萬物之靈」。

「天地一沙鷗」的作者，透過講述一隻海鷗的故事，來闡揚夢想的價值。為什麼選擇了動物中的鳥類來當故事中的主角？也許是因為鳥類飛翔的樣貌，看在人類的眼中，充滿著自由的象徵意義，而自由，可說是夢想實踐的前提。

作者在書中以大量的文字，描述著海鷗豐富的飛行姿態，將深遠的人生意義，植入簡單的故事進程中，需要一些沉澱、一些思考，才能體會作者欲引領讀者瞭解的人生境界，因此每一個讀者透過這些同樣的文字，卻能悟出各自的人生理想。（陳彥仲）

《安琪拉的灰燼》（*Angela's Ashes*）
法蘭克・麥考特（Frank Mccourt）／著　余國芳、陳重亨、莊靜君／譯　（皇冠）

陰暗而潮濕的愛爾蘭，法蘭斯跟家人住在狹小�陋的房子中，常常衣食無著、貧病交迫。失業而酗酒的父親，在小孩子心中烙下神智散亂的模樣，而母親再怎麼努力，也沒有固定收入，幾乎只能靠救濟金養活全家人。小小年紀的法蘭斯，想負起這個重擔，為了幫忙家計，還差點從煤煙燻到失明。

生命充滿無奈，毫無尊嚴，但是，法蘭斯卻不失孩童的天真，可以在苦中作樂，懷著一點希望，即使，美國是個遙遠而陌生的國度，卻成為他面對蹇厄的力量，最後，他終得一張前往美國的船票，新的生活，露出了一線曙光。（莊琬華）

《獨立宣言》（*The Declaration of Independence*）
湯瑪斯・傑佛遜（Thomas Jefferson）／起草人　唐諾／譯　（臉譜）

1776年7月6日，北美十三個州共同簽署了一份獨立宣言，否定了英國對其擁有的統治權。自發表以來，短短一千三百個字，已經成為近代人民終結極權統治，追求一個理想國度的重要參考文獻。

本文可以分成兩個部分來看：第一部分，是源自之前的政治理論如天賦人權、契約論等論述，來為人民抗暴、追求生存的主張取得合理的邏輯依據。第二部分，則是對於英國政府（其實就是英國國王）種種殘暴不人道的控訴，為獨立的主張取得泛得所同情的普世價值。這份宣言所反映出的，其實也就是這些美國建國聖賢對於一個完美國家所描繪出的期待以及夢想。（林良麒）

《理想國》　柏拉圖（Plato）／著　郭斌和、張竹明／譯　（商務）

古希臘的大哲學家柏拉圖生在亂世，他目睹了人類最早政治制度下社會的紛擾與權勢階級的墮落，也身歷了他的老師蘇格拉底被控傳播異說，最後竟被判處死刑的失望情緒，這些條件都是他在壯年時寫出名作《理想國》的先遣成因。

只不過，這本於今看來當然就其學理內容落伍的作品，更可貴的價值就在於它是人類自有社會及群體文明伊始，真正重要並且擬具高尚共同生活理想的反思作品。柏拉圖在本書中多以和蘇格拉底對話的方式（有些經考證也可能是由後人加著偽作），反覆思辨人類生活的初衷及可能應對的制度作為；因此本書也堪稱見證了紀元後多少世紀以來，人類共同追求文明進步，並且希冀福澤個體的努力，是否真能通過古哲人柏拉圖的量丈。（鄭俊平）

《烏托邦》（*Utopia*）　湯馬斯・摩爾（Thomas Moore）／著　宋美（王華）／譯　（聯經）

Utopia一詞是摩爾自創。希臘文字根有互相矛盾的雙重涵義，「樂美之土」（eu-topia）與「烏有之邦」（ou-topin）。摩爾用意是呈現烏托邦的辯證本質：它是一個無法實現的理想國度，這層弔詭出現在《烏托邦》全書，以當時盛行旅行文學的架構，假託一名老水手拉斐爾・希猶婁岱的海外見聞，勾勒烏托邦的典範制度。摩爾一生兼治文史政治，精擅拉丁希臘文、修辭學、詩、歷史與政治倫理學，受英王亨利八世倚重為宰相，因拒絕改信英國國教效忠英王，1535年命喪斷頭台。中譯本為國科會「經典譯注」系列，參考不同版本英譯本比對和拉丁文原版。（陳文芬）

《狂熱份子：群眾運動聖經》（*The True Believer: Thoughts on the Nature of Mass Movements*）
賀佛爾（Eric Hoffer）／著　梁永安／譯　（立緒）

卡內提曾形容群眾運動有如瘋瘋病，是一種病症，要找出症狀開藥方。與群眾面對面時，要保持頭腦清醒，才不至於被魅惑，迷失在群眾之中。本書作者賀佛爾以其實際群眾經驗說明，社會主義或民族主義並非祇是單純集體潛意識下的產物；信仰的驅力會使人成為一名狂熱份子，但無法使其更接近真理。曾一度失明又奇蹟康復的賀佛爾出身底層，終生未受正規教育，旁徵博引的論述能力全靠自習及及日常經驗而來。他洞見了信仰的危機正源於人們對真理的失卻、對夢想的失落；乃至於出現了如史達林、希特勒之流的野心家，將群眾的盲目心理分析得透徹入微。（羅喬偉）

《共產主義簡史：從血堆裡建立起來的理想國》（*Communism : A Brief History*）
理察・皮佩斯（Richard Pipes）／著　蔡東杰／譯　（左岸）

從列寧到史達林，再到毛澤東與赤柬等，據估計，全世界有多達八千五百萬到一億人死於共產主義運動。在付出了血流成河的代價後，共產主義追求平等社會的大夢終告幻滅，究竟問題出在哪？身為當代最傑出的俄羅斯史研究者，皮佩斯從共產主義的實踐中直指答案。作者由柏拉圖的共產烏托邦理想，一路敘述到馬克斯提倡訴諸暴力消滅私有財產制度的歷程。之後共產主義傳入俄國，作者追溯為何馬克斯預言以工人為主體的「無產階級革命」竟會在條件完全不符的俄國爆發，並以宏觀的視野觀察共產主義是如何左右整個二十世紀的歷史進程。不同其他探討共產主義的著作，這是一本簡潔有力的小書，全書沒有跟澀難懂的理論辯證，無疑是本了解共產主義的絕佳入門書籍。（李光欣）

《我愛身分地位》（*Status Anxiety*）艾倫・狄波頓（Alain de Botton）／著　陳信宏／譯　（先覺）

多才多藝的英倫作家狄波頓在這本書中侃侃而談人類在文化上的重要演變——一種讓我們既愛又憎的價值動機：關於地位、財富及社會階級位置的自覺；從本書我們可以觀察到，文化上的價值往往處於一種「不得不然」或個人「無力拒抗」的窘境，狄波頓細數了人類對「貧富之別」及「貴賤有差」的來由及焦慮。這種態勢演進固然和有形的物質發明一再進程有關，但從狄波頓的筆下，我們更可深層觀照到「身分地位」這種無形的繁複更勝於物質上的進步，打從生入這個社會這個年代始，我們就不得不面對的個人判斷法。狄波頓在書中也探索了那種人既抗拒不了又期冀被「救贖」（例如宗教領袖為無力翻身窮人發聲）的心理，看來「身分地位」是人類最沉重，一旦難圓又希望趕快醒來的愛恨夢想。（鄭俊平）

《1421：中國發現世界》（*The Year China Discovered the World*）
孟西士（Gavin Menzies）／著　鮑家慶／譯　（遠流）

一位英國皇家海軍的退役軍官孟西士，發現了一張1424年的海圖。在這張海圖上，他發現遠在1492年哥倫布發現美洲大陸前，便有地圖標誌現今加勒比海上的波多黎各島和瓜德魯普島，而且海圖上的標示有太多與現實相符合之處，巧合的機率實在太小，因此引發孟西士一探究竟的決心。在當時，全世界有able國力得以做遠洋航行的，只有處於明代盛世的中國。以此為目標，孟西士花了許多年開始在全球追索資料，在非洲、美洲、澳洲、紐西蘭找到當年鄭和下西洋的種種線索。孟西士甚至說，哥倫布、麥哲倫等人之所以能夠留名歷史，是因為他們的船上帶着中國的海圖。孟西士欲藉此書為世界航海與發現的歷史翻案，也替後來因為朝廷政策而被銷毀所有資料的三保太監的海洋大夢翻案。（林盈志）

《黃金時代：一個荷蘭船長的亞洲冒險》（*Golden Age: Bontekoe in Asia*）　林昌華／譯著（果實）

時值十七世紀初，一個科學興起、知識抬頭的啟蒙時代，一個地理大發現、文化大交流的冒險時代。航海技術的日益成熟，船隻設備的漸趨完善，均提供了歐洲人追求財富、權力及夢想的黃金條件。促使一位荷蘭船長班德固克服遠渡大洋的重重困難，成功地循前人航線繞經好望角，來到盛產香料的東印度群島，最終而抵中國，甚至台灣沿海一帶。本書以其航海日誌為主軸，另佐以史料敘述及圖片輔助，詳實完整地將當時海上貿易通商與歐陸社會制度做了一番觀照對比，尚且紀錄了西方人帝國主義式的殖民思維。黃金時代的開啟，亦宣示了全球化時代的正式來臨。（羅喬偉）

《夜航西飛》（*West with the Night*）　白芮兒・瑪克罕（Beryl Markham）／著　何佩樺／譯　（馬可孛羅）

在非洲大地騎馬奔馳，與獅子、豹、象群在生死一線間搏鬥，二十世紀初似乎就是這樣一個屬於冒險家的年代，而當上述種種的行徑是由一位女性完成時，其勇氣則更顯得不凡。作者白芮兒・瑪克罕是英國最優秀的飛行家，她是史上駕駛單人飛機由東向西橫越大西洋的第一人，也是肯亞最睿智的賽馬訓練師。《夜航西飛》描寫作者由孩童時期生長於非洲的原野生活，訓練賽馬的經歷，以及追逐夢想成為一位飛行員的過程。本書不僅僅是一個冒險家的生活記錄，它也是不可思議的冒險詩篇，作者豐富的文采，令海明威也讚嘆不已。（繆沛倫）

《改變人類歷史的偉大發明》　郭景／編著　（好讀）

本書的背景設定是選出在二十世紀發生的一百個重要並影響深遠的發明故事，有點近似於許多以「百大」為標榜的簡明版知識類書籍。只不過，從本書的百大發明選輯中，讀者除了可以看到像是原子筆、抽水馬桶或「拉鏈」這種「平易近人」卻又造福生活的一般性發明外，還羅列了一些或許不能算是「發明」的劃時代作為：譬如說像是爭議性頗高的三峽大壩工程和「複製羊桃莉」等。這本書除了可以當純粹滿足求知趣味的書籍閱讀外，也能藉此發現我們對「發明」這件事的軌跡已經愈來愈趨向於集體性的、計劃性的巨型演變；也許在這一百個故事中，我們也能體悟出發明的願景，走到了二十一世紀時，我們甚至不能確定它是否絕對美好，但因它而起的變化將是更難以預料的。（鄭俊平）

《幻想的地誌學》谷川渥／著（邊城）

谷川渥疑心重重，從「烏托邦之地」出發，抽絲剝繭考察烏托邦文學中，關於「地方」的形成過程，或說「想像力的原型」，從而理解烏托邦式的想像力本質。「幻想」指的當然是utopia，「幻想文學」；「地誌學」，則是跟「不存在於任何地方的地方」相關的形形色色。所以，這是一本不折不扣的文學評論，而不是地理書、旅行書，大家切莫搞錯了！

一如「想像『不存在於任何地方的地方』」，「考察『想像「不存在於任何地方的地方」』」同樣是一大挑戰。谷川渥卻能透過圖像、文字，以一種近乎聯想遊戲的手法，旁徵博引古今中外各種文獻，努力尋找「想像差異」背後的綜合式原型。閱讀本書的讀者可逐漸體會到一個事實：「當人們的想像力毫不受限而得以自由發揮時，這種想像力反而會匯聚成某種類型」——此書也因此非常不文學評論，讓人看得興味盎然。（傅月庵）

《理想的下午》舒國治／著（遠流）

《理想的下午》是舒國治在中時人間副刊專欄的集結，一如副標，「旅行」與「晃蕩」的意象貫穿全書。晃蕩有不同的時空尺度，離家遠行一年半載是，在居住城市散步一下午也是。只要放慢速度，就能感受不同的生活韻味。作者對國外年輕學生背著背包遊天涯的經歷頗為推崇，那種浪漫的旅行，「是人生中最寶貴也最美好的一段迷糊時光，沒啥目標，沒啥敦促，沒啥非得要怎麼樣」，很有一點道家無為而治的精神。

晃蕩，是一種理想的生活節奏及生活狀態，對講求競爭速度、凡事精準規劃的現代人來說，本書是很好的啓發。（藍嘉俊）

《空想科學讀本》柳田理科雄／著　談璞／譯（遠流）

「伸張正義，維護地球和平」是許多五、六年級男生小時候的夢。想像自己可以成為正義的一方，瞬間變身還能自由自在的在天上飛翔。看到急難發生，便能展現出自己的超能力，去解救受害的同胞。那種心情是澎湃洶湧，腎上腺素急速分泌的。或許這是一個可愛幼稚的夢想，卻也成為許多人的美好回憶。

雖然現實的科學理論，清楚告訴讀者許多夢想是無法完成的。比如在空想世界總是活太老、跑太快的怪獸或超人們：比如超人力霸王的年齡是兩萬歲，現實中的生物有可能如此長壽嗎？以五馬赫速度奔跑的皮特星人，照這樣的公式推論，拉坨屎就能飛上天？空想科學教室以現實科學解讀夢想讀本，反而激盪出更多有意思的觀點。這說明了夢想的樂趣，永不磨滅。（Henry）

《尋找黃金的故事》（Da liegt Gold）

雅努什‧皮耶卡爾基維茨（Janusz Piekalkiewicz）／著　陳瑛／譯（世潮）

登上無人小島，進入黑暗山洞，發現一個老舊大鐵箱，撬開鎖頭翻開箱蓋，哇！滿滿的金銀珠寶光芒四射，映得眼睛幾乎睜不開！每個人童年腦海都曾浮現這樣的尋寶畫面，伴隨乘風破浪的冒險故事。但長大之後，這些夢想卻往往褪了色，與美好的童年一起裝箱封存。可是，真的有人去做了。翻開這本書，一個個引人入勝的故事波瀾起伏地展開。作者結合了史學家與冒險家的精神，跑遍世界蒐集有關尋寶的文字與圖片資料，拼湊出寶藏傳奇的歷史背景與尋寶探險的來龍去脈。雖然大部分時候，尋寶者費盡心力，卻空手而返，甚至遇險喪命。但作者相信，每個人心中總是藏著一股蠢蠢欲動的莫名能量，那即是對於遠方、對於未知寶藏的信仰與渴望。（蔡佳珊）

《夢想的翅膀：兒童閱讀飛躍2000年》 幾米、朱里安諾、漢斯比爾等／著（格林）

閱讀，原本是每一個孩子與生俱來的天賦，閱讀的範圍不侷限於書，任何激發他們好奇的事物，都是他們可閱讀的文本。然而，升學主義掛帥的教育方式，扼殺了孩子們的閱讀興趣，加上五花八門的電子遊戲，將孩子們的視覺刺激導向一種極端的層次，於是，帶領孩子們建立閱讀的興趣，成了一項帶點難度的希望工程。

本書匯集了數十國內外優秀的插畫家，他們每人以短短兩頁的篇幅，表達他們心目中的「閱讀」世界到底長什麼樣子，並希望透過他們的想像，讓孩子們對閱讀產生興趣。在這數十篇不同的作品中，其實可以看到幾項明顯的共通元素，像是「飛翔」，飛翔在海上、山裡、林間，以及穿梭時空，或許，這就是閱讀最迷惑人的魔力所在。（陳彥仲）

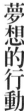

夢想的行動

《創造的勇氣》（The Courage to Create）　羅洛‧梅（Rollo May）／著　傅佩榮／譯（立緒）

有時候，一個我們百思不得其解的問題，有一天，答案竟然就突然出現在我們腦袋裡。對美國存在心理學之父——羅洛‧梅來說，這不是運氣，這是一種生命裡的創造，而且背後還有著複雜的運作機制。

本書分為七個篇章，從創造的勇氣、創造力的性質、創造力與潛意識到創造力的限制等等，羅洛‧梅都以各種藝術及文學作品做詳盡的說明。和作者其他的創作一樣，他最關心的是現代人的生命處境及其存在的意義。所以對於覺得生命空虛、毫無生活意義或目的的讀者，本書將能提供另一種積極面對生命的角度。（詮斐）

《我偏執，所以我成功》(Change Your Thinking, Change Your Life)

博恩‧崔西（Brian Tracy）／著　汪可怡／譯（創新）

幾乎每個成功人士都有自己的成功之道，而這正也是許多想成功的人一直探究的途徑。然而有人成功在即，但有人卻屢試屢敗，這究竟是什麼原因呢？本書的作者便企圖以科學的觀點，以細密的分析及行為科學、應用心理學等角度，替那些想要成功，想要圓夢的人試圖找出一條可實踐的理性之途。

書中以改變思維、改變生活模式開始，繼而時時刻刻著要努力當個夢想家及億萬富翁為目標，逐步朝學會掌控生活、認真追求卓越為志向，進而運用人際關係並學習釋放自己的潛能，最後必能創造成功的未來。故本書以「偏執」為名，正說明了唯有拚命努力工作，機會才會掌握在自己的手中。（Ricardo）

《勇敢遇見夢想》(Authentic: How to Make a Living by Being Yourself)

奈爾‧克勞夫茲（Neil Crofts）／著　楊嫺雅／譯（天下雜誌）

對於想做的事，有多少人能毅然決然，並且堅持到底？所以本書的作者顯得相當難得，他辭掉工作，全心投入自己創立的理想事業，並影響了許多人。

本書分為四章，分別是用另一個角度看社會、如何勇敢做自己、如何讓夢想變生意以及快樂工作的成功案例。

誠實面對自己心底的聲音，是作者一再強調的。人必須說出自己，走自己的路，否則就只會隨波逐流，或沉溺於短暫的刺激，以掩飾壓力。作者用他的故事，告訴我們，他勇敢選擇後者，雖然走得辛苦。（詮斐）

《創個小生意，出手賺大錢：40個成功案例直擊》蘋果日報財經中心／著　（藍鯨）

「我想開店」，這樣一個單純的創業行為，其實背後隱藏著複雜的心理動機與不為人知的甘苦辛酸，也許是無法忍受上司的嘴臉或朝九晚五的刻板生活，也許是無法從現行工作中實踐自己的興趣與理想，然而投身「老闆」階層的人如過江之鯽，在如此競爭激烈的市場洪流之中，能夠獲得光榮勝利者其實比例不算高，因此，他們創業的過程也更加使人好奇。

本書蒐集了四十案例，以營造戲劇性效果的描述方式來鋪陳每一個創業故事，至於經營管理行銷等實務知識僅是點到為止，全書末了還以個人創業條件與預期利潤兩項標準，重新將這四十個案例編排順序，供讀者參考。本書另一項貢獻，則是報導鮮為人知而創意十足的新興行業，讓人由衷佩服這些創業主的過人膽識。（陳彥仲）

《我買了一個島：卡兒哈甘》崎山克彥／著　廖詩文、曹翠雲、唐一寧／譯（棋碁文化）

人到中年才實現夢想並不算太晚，崎山克彥就是其中一個。結束了三十年的工作生涯後，一次機緣巧合下，崎山遇上了一個仿如一見鍾情的美麗姑娘，那就是菲律賓的小島卡兒哈甘島。渴望「投身大自然」的崎山，立刻把所有退休金拿來買了這個南方島嶼，此書便記載了他成為島主後的生活點滴。這個島主並不是只顧自己過著皇帝式生活，崎山致力於保護島上的生態環境，與島民建立一種互相信賴的關係，因為他的出現，島民的教育與生活品質也有所轉變，我們亦看到了他在這個小島上如何實現「我想要守護這個由地球孕育出來的自然與生態，在舉世滾滾文明開發浪潮之中，守護著它」的夢想。（冼懿穎）

《人二雄路線好旅館》詹仁雄／著　（時周文化）

出國旅遊或自助旅行到世界各地是許多人的夢想，然而除了觀賞各國風景外，旅行本身所發生的種種過程亦是自助旅行最重要的意義所在。本書作者以個人豐富的旅行經驗，以相當精簡的文字替讀者介紹了如何以較省錢的方式旅遊，並以他個人的品味觀點挑選了每條路線中的精緻好旅館，並提供了基本的聯絡資訊。

本書在文字上與一般旅遊書最大的不同點在於，作者以個人的喜好及觀察隨性而灑脫地寫下旅遊心得，與所謂的理性觀察者成一對比，同時也讓本書有著相當個人化的整體風格寫作，正如序言所述：「歡喜就好！自在最好！」（Ricardo）

《開間夢想的雜貨鋪》富本雅人／著　舒適活／編譯（博誌）

在日本的「雜貨」業概念引進之前，一般人對於「雜貨」的認知，多半停留在「位於街角、幽暗窄小的空間、只有老闆知道我要買的醬油放哪」的雜貨店上頭。日本雜貨鋪的經營概念，絕大部分與台灣傳統雜貨店大相逕庭，除了同樣講究開店區位，多以清新明亮的空間陳設、具備強烈個人風格的非民生必需品，來吸引消費者，相當程度顛覆了台灣人對「雜貨」一詞的既有觀念。以台灣人的哈日指數判斷，雜貨鋪應該可以名列「我最想開的店」調查排行結果第二名（榜首當然是咖啡店），而這本看似輕薄短小的開店實戰手冊，巨細靡遺地記錄下一家雜貨鋪從無到有需要面對的問題狀況以及建議方針，讓徒有夢想的人可以盡早打消念頭，讓真正執著的人可以亦步亦趨將夢想實踐。（陳彥仲）

Net and Books 網路與書的書目

0 試刊號

定價：新台幣150元

存量有限。請儘速珍藏這本性質特殊的試刊號。

> 特集

閱讀法國

從4200筆法文中譯的書單裡，篩選出最終50本閱讀法國不能不讀的書。從《羅蘭之歌》到《追憶似水年華》，每種書都有介紹和版本推薦。

1 《閱讀的風貌》

定價：新台幣280元

試刊號之後六個月，才改變型態推出的主題書。第一本《閱讀的風貌》以人類六千年閱讀的歷史與發展為主題。包括書籍與網路閱讀的發展，都在這個主題之下，結合文字與大量的圖片，有精彩的展現。本書中並包含《台灣都會區閱讀習慣調查》。

2 《詩戀Pi》

定價：新台幣280元

在一個只知外沿擴展的世界中，在一個少了韻律與節奏的世界中，我們只能讀詩，最有力的文章也只是用繩索固定在地面的熱氣球。而詩則不然。
（人類五千年來的詩的歷史，也整理在這本書中。）

3 《財富地圖》

定價：新台幣280元

如果我們沒法體認財富、富裕，以及富三者的差異，必定對「致富」一事產生觀念上的偏差與行為上的錯亂。本期包含：財富的觀念與方法探討、財富的歷史社會意義、古今富翁群像、50本大亨級的致富書單，以及《台灣地區財富觀查調查報告》。

4 《做愛情》

定價：新台幣280元

愛情經常淪為情人節的商品，性則只能做，不能說，長期鎖入私密語言的衣櫃。本期將做愛與愛情結合，大聲張揚。從文學、歷史、哲學、社會現象、大眾文化的角度解讀「做愛情」，把愛情的概念複雜化。用攝影呈現現代關係的多面，把玩愛情的細部趣味。除了高潮迭起的視聽閱讀推薦，並增加小說創作單元。

5 《詞典的兩個世界》

定價：新台幣280元

本書談詞典的四件事情：
1.詞典與人類歷史、文化的發展，密不可分的關係。2.詞典的內部世界，以及編輯詞典的人物與掌故。3.怎樣挑選、使用適合自己的詞典——這個部分只限於中文及英文的語文學習詞典，不包括其他種類的詞典。4.詞典的未來：談詞典的最新發展趨勢。

6 《移動在瘟疫蔓延時》

定價：新台幣280元

過去，移動有各種不同的面貌與定義，冷戰結束後，人類的移動第一次真正達成全球化，移動的各種面貌與定義也日益混合。2003年，戰爭的烽火再起，SARS的病毒形同瘟疫，於是，新的壁壘出現，我們必須重新思考移動的形式與內容。32頁別冊：移動與傳染病與SARS。

7 《健康的時尚》

定價：新台幣280元

這個專題探討的重點：什麼是疾病；怎樣知道如何照顧自己，並且知道不同的醫療系統的作用與限制；什麼是健康，以及如何選擇自己的生活風格來提升自己的生命力。如同以往，本書也對醫療與健康的歷史做了總的回顧。

8 《一個人》

定價：新台幣280元

單身的人有著情感、經濟與活動上的自由，但又必須面對無人分享、分憂或孤寂的問題。不只是婚姻定義上的單身，「一個人」的狀態其實每個人都會遇到，它以各種形式出現，是極為重要的生命情境或態度。在單身與個人化社會的趨勢裡，本書探討了一個人的各種狀態、歷史、本質、價值與方法。

9 《閱讀的狩獵》

定價：新台幣280元

閱讀就是一種狩獵的經驗。每個人都可以成狩獵者，而狩獵的對象也許是一本書、一個人物、一個概念。這次主要分析閱讀的狩獵在今天出現了哪些歷史性的變化、獵人各種不同的形態，細味他們的狩獵經驗、探討如何利用各種工具有系統地狩獵，以及回顧過去曾出現過的禁獵者及相關的歷史。這本書獻給所有知識的狩獵者。

10 《書的迷戀》

定價：新台幣280元

從迷戀到癡狂，我們對書的情緒有著各種不同的層次。本書要討論的是，為什麼人對書的實體那樣執著？比起獲取書裡的知識，他們更看重擁有書籍的本身。中西古書在形態和市場價值上差別如此大，我們不能不沉思其背後的許多因素。本書探討：書籍型態的發展、書癡的狂行與精神面貌、分享他們搜書、藏書和護書經驗，及如何展現自己的收藏。

11 《去玩吧！》

定價：新台幣280元

玩，就是一種跳脫制式常軌的狀態或心情。玩是一種越界。雖然玩是人的天性，卻需要能量，需要學習。本書分析了玩的歷史與文化，同時探討玩的各種層次：一生的玩，結合瘋狂與異想；一年的玩，結合旅行與度假；一週的玩，作為生活節奏的調節與抒解；每天的玩，一些放鬆與休息。藉此，勾動讀者想玩的心情與行動。

國家圖書館出版品預行編目資料

夢想＝Dream／蔡佳珊責任編輯.── 初版.
-- 臺北市：網路與書，2005〔民94〕
面；　公分.--（Net and books網路與書
雜誌書）
ISBN 986-81623-1-9（平裝）
1. 自我實現－（心理學）
177.2　　　　　　　　　　　　94020123

12《我的人生很希臘》

古希臘以輝煌的人文和科學成就，開歐洲思想風氣之先，而今日希臘又以藍天碧海小白屋，吸引全世界人們流連忘返。其實，希臘不必追求，生活週遭處處都隱含著希臘之光。到底希臘的魅力從何而生？希臘的影響又有多麼深遠？看了這本書你就會了然於心。

定價：新台幣280元

13《命運》

每個人存活在世界上，多少都曾經感受到命運的力量。有時我們覺得命運掌控了我們，有時我們又覺得輕易解脫了它的束縛，一切操之在我。到底命運是什麼？以及，什麼是命？什麼又是運？本書除了對命運與其相關詞彙提出解釋外，還縷述不同宗教、文化對於命運的觀點，以及自由意志展現的可能。此外，還有關於命運主題的小說、攝影、繪本等創作。

定價：新台幣280元

14《音樂事情》

從原始的歌到樂器的發明；從留聲機時代的爵士樂到錄音帶音樂；從隨身聽、ＭＴＶ到數位化的iPod，聽音樂的模式一直在改變。本書談的是音樂的力量，如何感動人，以及在社會文化層面上產生影響力。經歷民歌、情歌、台語搖滾時代，今後的創作者將面臨什麼情況？

本書內含《音與樂》CD
定價：新台幣280元

15《我窩故我在》

家，是人誕生之處，也是心安頓之所。家有多重的意義：房屋，代表一種遮蔽；窩，代表一種自在；家庭，代表一種歸屬；家鄉，代表一種回憶。從前這四種組合是一體的，現今則可能分散各處。時代與環境變化無常，能夠掌握的就是自己的窩了。本書以自己的窩為主軸，探討屋、窩、家人及家鄉的四種精神與作用。

定價：新台幣280元

16《記憶有一座宮殿》

在種種高科技記憶載體推陳出新、功能日益強大的時代，我們該如何重新看待腦中儲存的記憶？本書指出，大腦的「倉庫」功能，現在可由許多外掛載體勝任，而我們應把大腦視為一座儲存珍貴事物的「宮殿」，每個人都可獨力打造屬於自己的記憶之宮。書中也深入探討記得、遺忘與個人生命的深刻鏈結，並展示歷史與文化集體記憶的萬千風貌。

定價：新台幣280元

17《癖理由》

「人無癖不可與交」，癖其實就是每個人的獨特個性，也是嗜好的「極致」；癖到極至，就成為一種能力和能量。今天「個人」與「富裕」的社會，提供了適合癖的環境；網路發達，使得癖的同好容易交流，但這兩個條件的搭配，一不小心會使「癖」只是一種流行。分不清「癖」與「習性」或「嗜好」，很嚴重。我們需要區別癖的本尊，不能錯認分身與變身。

定價：新台幣280元

18《閱讀的所在》

閱讀，需要有一個空間作基礎。從浴室、書房等私密角落，到咖啡館、書店、公園、圖書館等公共空間，或是飛機等移動工具，乃至於整個文化城市，不同形式的空間提供了不同的氛圍，讓閱讀產生了豐富的化學變化。本書構成了閱讀者與各種環境的交響曲，那是一幅幅動人的風景，也體現了閱讀無所不在的精神。

定價：新台幣280元

19《夢想》

夢想，是個遠在天邊，也近在眼前的東西。本書集合了形形式式的夢想：探險、愛情、科學、和平、家庭、商業，甚至是性別。我們分享了古今中外的夢想家，如何成為理想的實踐者，以及如何在最不可能的情況下，還保有一個夢想。不論成敗，我們還是要快樂地享受夢想。

定價：新台幣280元

Net and Books 網路與書　訂購方法

「網路與書」系列預購

☐ 二年12本（自　　　年　　　月起）定價新台幣 2800元×＿＿＿＿＿＿＿套＝＿＿＿＿＿＿＿元

☐ 一年6本（自　　　年　　　月起）定價新台幣 1400元×＿＿＿＿＿＿＿套＝＿＿＿＿＿＿＿元

以上均以平寄。如需掛號，

☐ 預購12本，每套加收掛號費240元

☐ 預購6本，每套加收掛號費120元

感謝您訂購「網路與書」系列，如需購買單書，請參考本書書目後詳細填寫下列資料，
以傳真方式傳回，我們將儘速為您服務。

書名	數量	金額合計
◎購書不足500元，需負擔郵資40元。	總計：	元

訂 購 人：＿＿＿＿＿＿＿＿＿＿　生日：＿＿＿＿年＿＿月＿＿日　性別：☐ 男　☐ 女

身分證字號：＿＿＿＿＿＿＿＿＿＿　E-mail：＿＿＿＿＿＿＿＿＿＿＿＿

聯絡電話：＿＿＿＿＿＿＿＿＿＿　傳真：＿＿＿＿＿＿＿＿＿＿＿

☐二聯式發票　☐三聯式發票抬頭：＿＿＿＿＿＿＿＿＿＿　統一編號：＿＿＿＿＿＿＿

郵寄地址：☐☐☐－☐☐ ＿＿＿＿＿＿＿＿＿＿＿＿＿

付款方式：☐劃撥　☐ATM轉帳繳款　☐信用卡	
劃撥	劃撥帳號：19542850，劃撥戶名：英屬蓋曼群島商 網路與書股份有限公司 台灣分公司
ATM轉帳	台北富邦銀行（代碼012）　帳號：530-102-812920
信用卡	卡　別：☐VISA　　☐MASTER　　☐聯合信用卡 信用卡號：＿＿＿＿－＿＿＿＿－＿＿＿＿－＿＿＿＿　有效日期：　年　　月 信用卡背面簽名欄上數字後三碼 ＿＿＿＿＿＿＿ 發卡銀行：＿＿＿＿＿＿＿＿＿　訂購金額：＿＿＿＿＿＿＿元整 持卡人簽名：＿＿＿＿＿＿＿＿＿　（與信用卡背面相同）

請填妥訂購單郵寄或傳真至 （02）2545-2951

如尚有任何疑問，歡迎電洽「網路與書」讀者服務部 ● 服務專線：0800-252-500　傳真專線：886-2-2545-2951
地址：台北市105南京東路四段25號10樓之一 ● E-mail：help@netandbooks.com